档案管理与信息化建设研究

张澎 宋婷婷 李丽◎著

中国出版集团

中译出版社

图书在版编目（CIP）数据

档案管理与信息化建设研究 / 张澎, 宋婷婷, 李丽
著. -- 北京：中译出版社, 2024.1
ISBN 978-7-5001-7715-9

Ⅰ.①档… Ⅱ.①张… ②宋… ③李… Ⅲ.①档案管
理-信息化建设-研究 Ⅳ.①G270.7

中国国家版本馆 CIP 数据核字（2024）第 033152 号

档案管理与信息化建设研究
DANG' AN GUANLI YU XINXIHUA JIANSHE YANJIU

著　者：张　澎　宋婷婷　李　丽
策划编辑：于　宇
责任编辑：于　宇
文字编辑：田玉肖
营销编辑：马　萱　钟筏童
出版发行：中译出版社
地　　址：北京市西城区新街口外大街 28 号 102 号楼 4 层
电　　话：（010）68002494（编辑部）
邮　　编：100088
电子邮箱：book@ctph.com.cn
网　　址：http://www.ctph.com.cn

印　　刷：北京四海锦诚印刷技术有限公司
经　　销：新华书店
规　　格：787 mm×1092 mm　1/16
印　　张：12
字　　数：235 千字
版　　次：2024 年 1 月第 1 版
印　　次：2024 年 1 月第 1 次印刷

ISBN 978-7-5001-7715-9　　定价：68.00 元

前　言

　　档案管理是一项烦琐而复杂的工作，要对档案进行科学化管理，离不开现代信息化的建设。档案是历史的真实记录，通过档案我们可以了解过去、把握现在、计划未来。在我国的社会发展实践中，档案能够为人们的生活与工作提供重要的信息资源，也能够为维护广大人民的合法权益提供有效的支持。因此，我们应重视发展档案事业，做好档案管理工作。

　　随着社会的高速发展，档案信息化的管理与建设也越发现代化。像办公自动化、无纸化等更加便利化、优质化方式的出现，使得档案的生成方式也发生了很大变化，诸如文件的起草、签发、催办、归档等运作过程都在计算机和通信线路中进行。如此一来，档案的前身就必须以机读文件为主要形态，档案也自然以机读形式存在，与纸质载体的档案相比，其利用方式有非常大的不同。这些变化预示着档案工作者的工作方式和内容也更加现代化和信息化。广大信息检索者需要的是档案的内容，这些信息可能来自不同的机读形式的档案中。将这些档案信息综合系统地、及时地提交给大众是每个档案工作者义不容辞的责任。这就要求档案工作者更加细心、耐心，使机读形式的档案信息具有系统性、真实性、有价值性，用户才能获得更为完善的服务。由此看来，现代档案信息化管理与建设是档案工作发展的必然趋势。

　　本书从档案管理基本理论出发，讲述了档案的分类、作用、性质及档案管理工作的意义与基本要求。随后，阐述了档案管理中的管理维度、资源、方式，以及档案管理工作的主要内容。继而对档案管理实践进行了研究。最后探索了档案管理信息化建设的方向，主要从档案信息化的实施策略、档案信息资源建设、档案信息化保障体系建设等方面进行了详细论述。本书适合档案管理建设与信息化建设的工作者和研究人员参考，也可供对档案管理感兴趣的人士阅读。

　　由于作者水平有限，书中难免会出现不足之处，希望各位读者和专家能够提出宝贵意见，以待进一步改进，使之更加完善。

作者
2023 年 11 月

目　录

第一章 档案管理概述

第一节 档案的分类、作用和性质

一、档案的形成、分类和作用

档案是社会组织或个人在工作活动中采用书写、绘制、拍照、录音、录像等方式记载，并保存下来供查考的原始信息。档案的历史可谓源远流长。根据考古证实，我国现存最古老的甲骨档案出现在公元前 14 世纪前后的殷商时期，至今已经存在了4000 余年。千百年来，随着生产的发展和技术的进步，档案的载体由早期的龟甲兽骨、青铜器皿、竹简木牍、石料、缣帛等材料等发展为纸张。近、现代以后又出现了以胶片、磁带、计算机磁盘、光盘等为载体的新型档案。与此同时，档案形成者的范围不断扩大，从以官方机构为主要形成者，发展到各类企业、学校、医院、社团，以至家庭或个人都形成档案；档案的内容从主要记载国家事务，逐渐扩展为大量记载各种社会生产、生活和自然现象，档案因此成为一种全面记录与反映国家和社会各个领域历史发展状况的宝贵的信息资源。

（一）档案的形成

1. 何谓档案

档案是社会组织或个人在社会实践活动中直接形成并保存备查的各种形式的原始记录。所谓原始记录，是指随着各项现实活动的进行，出于某种需要，以一定的方式记录在某种载体上而形成的信息。这些原始记录在用途上主要有行政文件、经济文书、科研设计材料、手稿、日记、书信及家谱等，在形式上主要有文字、照片、录音、录像及数字化信息等。比如：各类社会组织在行政管理工作中形成并保留的决定、会议记录；在生产活动中形成并保存的生产计划、产品设计图纸；在商务活动中形成的客户信息、销售记录；在员工聘任和考核中形成并保存的表格；在财务管理中形成的会计凭证、报表等。通常，我们将上述各种内容和形式的原始记录统称为"文件"。

2. 档案从何而来

（1）档案形成者的类型

档案形成者的类型非常广泛，从组织的角度而言，档案来源于依法成立并能以自己的名义行使权利和承担义务的各种社会组织，即"法人"，它包括各级党政机关，工商业、金融保险业、房地产业、信息产业、服务业的各种公司，各类教育、科研、卫生、文艺、体育、社会福利机构，还有学会、协会、商会等社会团体。档案在这些单位内是按照职责分工连续地、有规律地形成的。从个体的角度来说，档案来源于依法享有权利并承担义务的个人，即"自然人"，以及家庭、家族。在这个范围内，档案是围绕个人、家庭、家族的社会活动或家庭事务形成的。

（2）档案与其形成者的关系

首先，档案是其形成者在自身的活动中形成的，属于同一个形成者的档案之间存在不可分割的密切联系。比如，一个企业实施管理、开展经营活动形成的工作制度、操作流程和规范、各种会议记录、各种合同和客户登记、产品生产或销售记录、产权证明、财务账目，以及照片、录音、录像材料等，这些既是这个企业开展工作的工具，又记录了其活动的实际过程，能够全面、系统地反映这个企业的历史活动面貌，是一个有机的整体，因此，这些档案不能分散，应集中管理。

3. 档案如何形成

档案是社会组织（以下简称"单位"）或个人在现实工作中形成和使用的各种文件的转化物。由于单位和个人的社会职能、活动方式、沟通渠道不同，其档案形成过程也存在一定的差异。个人、家庭或家族的档案以手稿、日记、书信、契约、账册、家谱、音像材料为主，一般在形成之后经过一定的整理，进行有序积累，就可以作为档案保存；而单位档案的形成过程比个人档案要复杂一些，它们一般都要经过一系列的工作程序之后才能形成。在这里我们以单位的档案为主描述和分析其形成过程。

（1）处理完毕的文件才能成为档案

档案是从文件转化来的，档案与文件是同一个事物的不同运动阶段。文件是单位开展各项工作的办事工具和沟通媒介，具有时效性，而档案的主要作用是备查。所以，只有当文件处理完毕以后，不需要在单位的现行工作中运行了，才可以作为档案保存。在这里，文件的"处理完毕"是指其完成了收文、发文等文书处理程序。需要指出的是，文件的处理完毕与文件内容所针对事务的办结并非完全同步。

（2）对日后工作活动具有一定查考利用价值的文件，才有必要作为档案保存

在现实工作活动中产生和使用的文件对人们今后的活动未必都具有查考利用价值，其

中一部分文件在工作任务结束后，其利用价值随之完结，无须继续保存，而另一部分文件则因为对今后的工作活动具有查考利用价值而被人们作为档案保留。因此，文件能否转化为档案要人们通过鉴定来决定。文件的查考利用价值主要是指其在事实、证据、知识等方面对人们和社会的有用性。在文件向档案转化的过程中，查考利用价值是档案形成的关键因素和条件。因此，只有具有查考利用价值的文件才有必要作为档案保存。"有文必档"会导致档案质量的良莠不齐和管理资源的浪费；而不重视积累档案则会造成工作的被动和历史的空白。

（3）经过立卷归档集中保存的文件，才最后成为档案

文件是伴随单位完成各项工作任务的过程而逐渐生成的，这就使文件分散于各个承办部门或人员手中。文件的这种分散状态不符合档案管理与利用的要求。为此，人们要将具有保存价值的文件集中起来，按照一定的规律对其进行系统化整理，并移交给档案部门，这就是立卷归档。因此可以说，办理完毕、具有查考利用价值、经过立卷归档的文件才能转化为档案。

由此可见，档案虽然是由文件转化来的，但是文件不能自动地成为档案，其间必须经过有关人员开展鉴定和立卷归档工作，才能使具有保存价值的文件最终转化为档案。在这里，归档既是文件向档案转化的程序和条件，又是文件转化为档案的一般标志和界限。

从档案形成的过程看，档案与文件之间有天然的密切联系，也有明显的区别，具体表现为：文件是档案的前身，档案是文件的归宿；文件是档案的基础，档案是文件的精华；文件是档案的因素，档案是文件的组合。档案是由各种文件有条件地转化来的，这就是档案形成的一般规律。掌握档案的形成过程和条件，是我们正确地处理文书工作和档案工作之间的关系。科学地开展档案管理工作的前提。

4. 档案的外在形式

社会活动中原始信息记录方式的多样性决定了档案外在形式的多样性。

（1）档案实体的构成要素

档案实体的构成要素包括档案的载体、档案信息的表达方式和档案信息的记录方式三方面。

档案的载体是指承载档案信息的各种物质。我国从古至今使用过的档案载体材料有甲骨、青铜、石材、竹简木牍、缣帛、纸张、胶片、磁带、磁盘、光盘等；从发展进程来看，档案载体制造工艺中的科技含量越来越高、体积越来越小、越来越轻便，而它们所承载的信息量则越来越大。

档案信息的表达方式包括文字、图示、图像、声音四种类型。例如，行政文件多采用

文字表达方式，产品设计文件多采用图示或图像的表达方式等。

档案信息的记录方式是指档案信息与档案载体结合的手段，包括刻铸、手写、印刷、晒制、摄影、录音、录像、录入、刻录等方式。

（2）文件用途的表示方式

文件有不同的用途，文种名称则是文件用途的表示方式。时代不同，文件种类及名称也各不相同。例如，我国封建时代的官方文件有制、诏、诰、谕、题、奏、表等。而现代社会，各单位在行政管理中有章程、条例、命令、决定、意见、请示、报告、通知、通报、公告、计划、总结等；在生产活动中有设计方案、工艺图纸、数据库等；在经济活动中有市场分析报告、市场预测报告、产品营销策划书、广告文案、报表、账簿、合同等。

（3）档案的版本

档案的版本是指文件从拟写到办理过程中所形成的不同稿本，如草稿、定稿、正本、试行本、副本等。在实际工作中，各单位都必须使用定稿、正本、试行本、修订本等经过正式程序制发的有效文本。当文件转化为档案时，在版本上要注意两点：第一，注重选择可靠程度最高的定稿、正本、试行本、修订本等版本；第二，一般只保留原稿、原本，不留存副本。所以，档案是以孤本为主，不像图书那样存在大量的副本。档案的版本特点对管理工作提出了更高的要求。

5. 档案的本质属性

档案是原始的历史记录，这是档案的本质属性，也是档案区别于其他信息的主要特征。原始记录性作为档案本质属性的根本原因在于：档案是其形成者在工作活动中形成和使用的原始记录的转化物。首先，档案是原生的或首次生成的信息，而不是事后编写或制作的再生信息，因而具有原始性的特点；其次，档案的内容直接记载着其形成者工作活动的"现场"情况，可以客观地再现当时的情形，因而具有记录性的特点。原始性与记录性的有机结合构成了档案所具有的独一无二的本质特征。正因如此，档案成为承载历史记忆的最为可靠的载体。

原始记录性是档案具有可靠的凭证作用的原因。因此，保持档案的原始记录性就成为档案管理与利用工作中的一项神圣职责。我们应该明确，无论何时何地，都不允许任何人改变档案原始信息内容记录的状态；否则就会使档案失真，从而造成历史事实的扭曲。在我国，档案的原始记录性受到国家法律的保护。《中华人民共和国档案法》规定，对损毁、涂改、伪造档案等行为，根据情节轻重，给予行政处分，直至依法追究刑事责任。因此，各单位的工作人员及每个公民必须依法保护档案的原始面貌，维护好历史真实性的源头。

（二）档案的分类

档案的分类是指根据一定的标准，按照档案在来源、内容、时间、形式等方面的异同分门别类。我们可以从三个层面对档案进行分类。

1. 档案实体分类

档案实体指档案原件，档案实体分类是出于保管的需要而对档案原件进行的分类，分类的结果是构成档案的保管体系。档案实体分类包括以下两个范围。

（1）全宗内档案的分类

全宗内档案的分类是指对一个独立的单位或个人全部档案的分类，通过分类使该单位或个人的档案构成有机的联系，并能够显示出其历史活动的面貌。

（2）档案馆档案的分类

档案馆集中了许多单位和个人的档案，为此，也要实行分类管理。目前，我国的档案馆对全部馆藏档案一般是按照全宗群的原则，根据档案形成过程中历史的、工作系统的或载体形式的特点进行分类。

2. 档案信息分类

档案信息是指档案所记述和反映的内容。档案信息分类就是根据社会实践活动的领域，以及单位或个人的职能分工，对档案的内容进行划分，其分类的结果主要表现为档案信息检索体系。

3. 档案种类的划分

与前两者的分类不同，档案种类的划分属于对档案进行概念上的分类，所针对的是我国全部的档案。由于认识的角度不同，所以形成了多种档案种类的划分方法。

（1）按照所有权划分

根据《中华人民共和国档案法》，我国的档案按照所有权分为国家所有的档案、集体所有的档案和个人所有的档案三类。

（2）管理机关对国家所有的档案的划分

我国档案行政管理机关从行政管理的角度对国家所有的档案进行了划分。首先，按照历史时期将国家所有的档案划分为中华人民共和国时期的档案和中华人民共和国成立以前的档案两部分；其次，按照政权的性质将中华人民共和国成立以前的档案划分为革命政权档案（革命历史档案）和旧政权档案两部分。

（3）按照档案工作中通行的方法划分

在档案管理的实践中，档案工作者还将档案划分为文书档案、科技档案、专业档案（也称专门档案）三种类型，并在档案界得到了普遍的认同。其中，文书档案主要指由各类单位在管理活动中形成和保存的各种行政或业务文件，如命令、请示、通告、计划、总结、合同、市场调查和预测报告、营销策划方案、客户记录等；科技档案主要指由企业或科研单位在生产和科研活动中形成和保存的科技文件材料，如图纸、科研成果报告等；专业档案则主要指除了文书档案和科技档案外，所有在专业活动中形成的档案。

（4）按照档案的载体形态划分

按照档案的载体形态不同，可以将档案划分为甲骨档案、金石档案、简牍档案、缣帛档案、纸张档案、照片档案、录音档案、录像档案、计算机磁盘档案及光盘档案等。

（三）档案的作用

档案的作用是指档案对人们的社会实践活动所产生的积极影响；同时，档案作用的发挥具有一定的规律性。了解这方面的知识对我们做好档案工作具有重要的意义。

1. 档案的基本作用

（1）确凿的凭证价值

档案是人类社会活动留下的原始记录，是确凿的证据，它可以作为人们见证历史的真凭实据，成为人们分辨事实、查证疑案、处理问题的依据。在经营、管理或维护权益的活动中，档案是单位不可或缺的凭证。

档案之所以具有凭证作用，是由档案的形成过程和形式特点所决定的。首先，档案从原始文件转化而来的形成过程，表明其内容是当时当事人活动的真实记录，而非事后编写或制作的材料；它客观地记载了以往的历史情况，是令人信服的证据。其次，从档案的形式特征来看，在形成和处理过程中，出于需要会在原始文件上留下一些标记，如机关或个人的印信，领导人的亲笔批示或签署，当事人的手稿或署名，现场的录音、照片、录像，电子文件的元数据及电子签名等。当文件转化为档案后，这些标记必然保留于档案载体上，成为真切的历史标记，可以确凿地见证历史事实。

（2）广泛的参考价值

档案不仅记录了历史过程和事实，而且记录了人们从事各种活动的意图、思想、数据、成果、得失等。它可以为人们查考既往情况、总结经验教训、研究事物发展规律、从事发明创造、进行宣传教育等提供广泛而可靠的参考。

与图书、报刊资料相比，档案的参考价值具有自己的优势：第一，原始性和可靠性；

第二，内容的广泛性，档案来源于各个历史阶段和社会实践活动的各个方面，内容涉及面极为广泛，是丰富的智力资源；第三，档案的参考价值是人们的工作活动能顺利进行的一个重要条件，在工作中我们如能及时利用档案，会起到节约时间和资金、提高效益的良好效果。

2. 档案发挥作用的规律

档案的作用是客观存在的，但是其实现的方向、程度和方式却因时空环境的不同而不同，并表现出一定的规律性。

（1）档案的作用从形成者向社会扩展

档案对其形成者和对社会的作用具有双重性和过渡性。档案对其形成者的作用被称为"第一价值"，对社会的作用被称为"第二价值"。在实践中，基于多种原因，档案的"第一价值"和"第二价值"往往不是在同一时间和空间范围内实现的，而是先实现"第一价值"，然后过渡到实现"第二价值"。

①档案"第一价值"的实现

在档案形成以后的相当长的时期内，本单位需要较为频繁地查阅和利用档案，为解决现实工作问题服务。这时档案发挥作用的主要场所是单位的档案室。档案对形成者的作用，是促使其积累档案的动力。档案对其形成者的作用发挥得越充分，其积累档案的积极性就越高。

②档案"第二价值"的实现

档案的"第一价值"实现到一定的阶段，形成者对形成时间较长档案的现实利用需求逐渐减少，利用率降低甚至消失。这时，档案应该从"第一价值"向"第二价值"过渡，发挥其社会作用。档案在实现"第二价值"的时候，它的保管地点需要从形成者的档案部门向国家设立的各级各类档案馆转移。

（2）档案作用方向的多元化趋势

文件转化为档案以后，不仅从主要发挥现行效用转变为主要发挥历史查考作用，而且发挥作用的方向也会发生一些变化。原始文件的形成往往是出于行政或业务的单一目的或用途，比如：一个单位的员工名册是出于员工管理的需要形成的；一套修筑铁路工程的设计图纸是出于工程的需要形成的。但当它们成为档案后，发挥作用的方向则可能超越其形成的工作目的或用途，扩展到其他领域。比如：员工名册、账册、房地产契据可以作为研究社会或经济问题的资料；修筑铁路的技术图纸可以作为边界谈判时维护国家领土完整的证据；领导讲话等文件可以成为宣传教育的素材等。了解档案作用从形成者向社会扩展的规律和作用方向的多元化趋势，有助于我们在对文件进行鉴定时全面地评估档案的价值，准确地为本单位和国家挑选和留存档案。

（3）档案的机密程度逐渐递减

众所周知，一些现行文件具有机密性。当文件转化为档案后，为了维护国家、单位及个人的政治、经济利益，对具有机密性的档案仍须采取保密措施加以管理。所谓保密，就是指档案准许利用的范围和利用程度，在这方面我们应该按照国家的有关规定执行。同时，我们应该看到，随着时间的推移和条件的变化，档案的机密性也会发生变化。一般来说，档案机密性的逐渐弱化是一个总的趋势，表现为档案机密性的强弱与档案保管时间的长短成反比。档案管理者应该善于利用档案机密程度递减规律，依法逐渐扩大档案的开放范围，广泛实现档案的价值。

（4）档案作用的发挥取决于一定的条件

①社会环境。

社会环境包括社会制度、国家的法制情况和方针政策、社会的经济发展水平等，它们对信息公开的程度、档案作用发挥的程度、方向等都有直接的影响。良好的社会环境能够使档案的作用得到充分发挥。

②人们的档案意识。

档案意识是指人们对档案的认知水平。人们若具有较强的档案意识，就会引发利用档案的需求，从而使档案作用得以发挥；档案意识淡薄甚至没有档案意识，即使有利用档案的需求，也难以转换为利用档案的现实行为。

③档案的管理水平。

档案要依靠管理工作才能发挥作用。档案管理体系健全、方法科学、管理手段现代化程度高、工作质量优良，就能够使利用者方便、快捷、准确地获得所需要的档案或档案信息，从而使档案的作用得以发挥。因此，提高档案管理水平、实现档案管理的现代化、提供优质高效的档案利用服务，是促进档案作用充分发挥的重要条件。

二、档案管理的基本内容及性质

档案工作指管理档案和档案事业的活动，包括档案管理工作、档案行政管理、档案教育、档案科学研究和档案宣传等。档案管理指档案的收集、整理、保管、鉴定、统计和提供利用等活动，即档案室和档案馆所从事的档案业务工作。通常说的档案工作是指狭义的档案工作，即档案管理。

（一）档案管理的内容

1. 收集档案

收集是指档案馆（室）接收或征集档案和其他有关文献的活动。通过收集使分散的、数量浩繁的档案集中起来，便于档案的科学保管和有效利用。

2. 整理档案

整理是指按照一定的原则对档案实体进行系统分类、组合、现代化档案管理与服务研究，排列、编目，使之有序化的过程。通过档案整理工作使成分复杂的档案条理化、系统化，利于档案的保存和使用。

3. 鉴定档案

鉴定是指按照一定的原则和标准，判定档案的真伪和价值，确定保管期限及决定档案存毁的一项工作。通过鉴定工作，去粗取精，剔除失去保存价值的档案，使档案保管机构的人力、物力和财力能够充分发挥作用。

4. 保管档案

保管是维护档案的完整与安全的活动。其基本任务有两个：一是维护档案实体的系统性，使库藏档案始终有序；二是保护档案实体，最大限度地减少人为或自然因素的损坏，延长档案的"寿命"。

5. 检索档案

检索是指存储和查找档案信息的过程。档案检索将档案信息运用一系列方法进行加工处理，形成各种检索工具，供人们快速查找所需档案。

6. 编研档案

编研是指在研究档案和社会需要的基础上，按照一定的题目、体例和方法编辑档案文献的活动。通过档案编研工作，可以满足更多的利用者的需要，让档案信息以编研成果的形式长远流传下去，并延长档案原件的寿命。

7. 利用档案

利用又称利用服务，是指利用者以阅览、复制、摘录等方式使用档案的活动。档案得以利用是档案管理最终目的，通过利用可以使包含在档案中的凭证价值和参考价值得以发挥和实现。

8. 统计

档案统计是指对反映和说明档案及档案工作现象的数量特征进行收集、整理和分析的活动。通过档案统计工作，不仅可以为整个档案管理提供真实可靠的原始数据、基本事实，让人们对档案及档案管理做到"胸中有数"，而且还为档案管理决策提供强有力的信息支持，保证决策的科学性。

（二）档案管理的性质

1. 管理性

档案管理的管理对象是档案及档案事业。档案管理必须用一整套科学的理论原则和技术方法管理档案，对繁杂的档案进行研究、考证和系统管理。

档案管理是各项工作的重要组成部分，任何一项管理工作都离不开档案管理。

2. 服务性

档案管理是一项提供档案信息，为社会各方面管理服务的工作。服务是档案工作赖以存在和发展的基础。

档案管理者应当树立服务意识、掌握服务技能、完善服务条件、提高服务质量、积极为社会建设做出贡献。

3. 政治性

档案管理存在服务方向的问题，这正是档案管理的政治性的集中表现。档案管理的机要性也是档案管理工作政治性的表现之一。

档案管理者必须做维护历史真实面貌的楷模，实事求是，并积极地提供档案用以编史修志，用档案印证历史、校对历史。

第二节 档案管理管理的意义与基本要求

档案是单位各项工作发展情况的真实记录，是保障各项事业科学合理发展的重要依据，它具有功能性、原始性、价值性、参考性的特点，对单位的发展具有重要的意义。

随着社会经济的全面进步，知识经济时代的到来，档案管理在各个方面的重大作用和重视程度得到了大幅度提升，这对档案管理工作提出了更高的要求——要有更科学的管理办法。档案管理工作必须规范化、科学化、现代化，要能为社会提供更多有价值的档案信息资源。

一、做好档案管理具有重要意义

一个单位在发展过程中会有很多优秀的成果，档案则真实地记录了这些珍贵的资料。

要想对单位过往发展的历史有一个全面、系统的了解，就离不开档案。只有将档案管理和经营管理结合起来，才能为单位的资源配置提供科学的依据，从而为未来的发展规划提供足够的理论参考，这对单位的经营和管理都具有非常重要的意义。

首先，档案是一种真实性凭证。档案是一个主体历史发展的真实记载，在这一点上，与其他资料是有本质上的区别，具有法律效应。这种自身所独具的特点，与其独特的形成方式是分不开的，因此，更具有客观性、公正性。也正是因为它长期作为一种真实性的凭证，才能一直被保留下来。

其次，档案是具有重要参考性的资料。我们在研究和整理档案资料中也能发现，档案中很多历史资料，都是直接以照片、音频、视频及签名手稿的形式存档的，这种材料很难进行后期篡改或者造假。所以，将档案认为是最可靠的参考材料是有道理的。因此，档案是一种非常具有参考性的资料。

最后，档案具有衡量工作的作用。由于档案对一个单位的发展具有重要意义，可以为单位未来发展提供最完备的准备资料。因此，对档案管理的重视程度及档案管理的规范程度，不仅可以作为衡量一个单位工作成果的依据，也能直接体现单位各项管理的规范性。

二、档案管理现代化管理思路

当今社会，互联网时代给社会带来了翻天覆地的变化，革新了各行各业的常规模式。因此，利用现代化技术建立现代化档案管理，已经是大势所趋，其重大意义已经成为社会共识。因此，我们要针对传统档案管理存在的问题，逐一进行改善。具体要从以下三方面落实：

首先，引入现代化科技手段，推动档案管理技术进步。新时代下，科学技术的进步已经改变了我们的工作方式和思维方式，档案管理也必须与时俱进。将档案管理与现代化互联网技术结合起来，可以更充分地实现档案管理的意义。特别是庞大的档案资源，将其进行现代化改造，其价值是巨大的。在知识经济时代，现代化档案管理建设，不单是简单的文件节约利用，更是为搭建数字化共享资源平台提供了可能。

其次，专业化运作是必然趋势。随着新技术的引入，档案的专业化运作也是必然的要求。正如我们之前讲到的，我们要以《档案法》等法律法规为依据，建立标准化、规范化的管理制度和工作流程，引入现代考核机制、奖励机制及汰换机制。通过一系列标准化运作，为档案管理现代化建设提供足够的支撑。

最后，数字化档案管理的趋势。知识经济时代的到来，对纸质档案管理模式提出了更高的要求，这也是大数据时代的趋势。数字化档案已经越来越普遍，但同时须要对过往大量的传统档案资料进行数字化管理。这虽然是一个系统而庞大的工作，但其意义是积极的、深远的。庞大的档案资料的价值也能得到更好的发挥，对珍贵档案的保存也大有裨益。同时，这也为建立全国共享的互联网数据平台提供了前置条件。但我们在数字化建设的同时，也必须深刻认识到网络风险，因此，必须同步建立可靠的风险防范机制，以及数字化管理措施。

三、档案管理人员的基本要求

（一）较高的思想政治素质是做好档案管理的基础

较高的政治素质最基本的要求就是具有正确的人生观、事业观、价值观，这是保障档案管理人员政治上一致性的前提。档案管理专业人员的政治素质主要是档案专业人员的政治态度、思想作风和政治品质。本质上要求从事档案管理的专业人员，从思想上要拥护中国共产党的正确领导，热爱祖国、热爱单位、热爱本职事业，努力学习先进的理论知识，尤其是对党的群众路线教育实践活动的本质要入脑、入心，真正从思想上强化服务于民、服务单位的思想。从约束自我行为上，遵守国家法律和行业规范，恪守工作纪律、职业道德，严守单位的机密，立足本职，从点滴做起，为档案事业健康发展贡献力量。

（二）较强的业务能力是档案管理上档升级、高质高效的重要保障

1. 深入学习和时刻宣传档案管理规章制度，是促进档案工作高效运转的重要保障

建立健全档案管理制度，保障本单位档案的收集完整、健全是对档案管理人员业务能力的根本要求。通过大力宣传归档登记、档案借阅、档案使用等各项制度，促进个人和科室的档案主动归档，确保档案资料完整性。保障实现归档档案动态管理，能够对发现的问题及时查找及核对。因而学习、宣传档案管理制度方面的法律法规是保障档案日常收集归档的重要保障。

2. 熟练运用各项管理制度是档案管理人员规范操作的有力举措

建立完善的档案日常管理工作制度，是档案工作逐步实现规范化管理的可靠保证和有力措施。一个单位产生的档案资料从收集、归档到移交统一管理的档案室保管，以及档案的日常借阅、使用等，都要有一整套严格的管理制度。尤其为了避免单位档案的损坏、丢失，还必须建立健全档案管理目标考核机制，建立责任追究制度，做到全部档案收集、借阅、查阅有登记，从机制上杜绝档案泄密、损坏、涂改等，发现问题的要追究责任，保证档案管理规范有序。

3. 掌握档案管理知识是对档案管理人员的基本要求

干好任何工作都必须有一定的专业知识和能力。档案工作也不例外，档案涉及的内容繁多，管理具有较强的专业性和针对性，不同单位的档案，其管理要求也不同，作为一名档案管理者要立足本单位实际，在工作中不断加以补充及完善，不断解决档案事业发展过程中发现的一些新情况和具体问题，这更需要一定的科学知识，只有这样，才能把业务工作中产生的新问题、新方法上升到理论的高度来认识，从而在具体工作中不断总结和完善档案管理的理论知识体系。

4. 掌握科学文化知识是对档案从业人员的有益补充

档案工作涉及面广，档案内容包罗万象，知识门类繁多，是一项系统工程，特别是在现代科学高度分化和高度综合的趋势下，仅掌握档案专业方面的知识已经不能应对当前档案管理的需要，还应具备更加全面、系统化的综合技术知识，只有这样才能更好驾驭和胜任档案管理工作。

5. 方法创新始终是做好档案管理的新挑战和新要求

科学理论的发展中各学科不断交叉、融合，档案管理与科学技术、理论实践形成了共生关系。作为一名档案管理人员，只有紧跟时代步伐、紧跟新时期的新要求，才能与日益发展的具体业务工作相适应。当前档案事业面临的紧迫挑战表现在多方面，例如电子档案的出现、新型档案载体的保管、信息技术的应用等，都亟待档案管理人员去认识、利用新方法去解决，因此，作为档案管理人员要时刻有充分的思想准备和丰厚的技术准备，以时不我待的紧迫感和热爱档案事业的情怀去迎接新的挑战。

第二章 档案管理的主要概念及管理范围

第一节 档案管理中的管理维度

管理维度是在对管理活动要素类型进行剖析的基础上，对管理活动空间范围和视角方位的具备程度、判断条件和评价标准的表示，是对管理活动赖以存在的内外条件予以描述、判定和评价的概念集合与范畴框架。因此，管理维度的分析与勾勒可以说是研究探讨管理活动的出发点和立足点，也是具有指导性和方向性的工具方法。从管理内容、管理资源和管理方式三个维度对管理活动重新予以解构和勾勒，并将档案管理理论研究置于其中分维度进行考察，不仅对验证档案学的管理学科属性、确定档案管理理论研究在管理学科体系中的地位有重要意义，也有助于整个管理学研究视域和方法的创新和拓展。

一、管理维度的定义

维度，又称维数，英文一般翻译为 dimension（可理解为维度、方面），拉丁语为"dimensio"。维度在数学中表示独立参数的数目；在物理学中指独立时空坐标的数目；而在哲学等领域内，维度表示具有共同特征的一些事物所构成的特定区域，此时的维度是指一种视角，而不是一个固定的数字，是一个判断、说明、评价和确定一个事物的多方位、多角度、多层次的条件和概念。

所谓管理维度，是在对管理活动要素类型进行剖析的基础上，对管理活动空间范围和视角方位的具备程度、判断条件和评价标准的表示，即对管理活动赖以存在的内外条件予以描述、判定和评价的概念集合。对管理维度进行描绘与构架时，一般要从两个以上具有互斥性的视角予以划分和考察，所以管理活动包含于管理内容、管理资源和管理方式三个主要维度中。

二、管理维度分析的背景与意义

人类社会产生伊始，出于生存和发展的需要，在人们的集体协同作业中，各类自发的或自觉的管理活动应运而生，与此同时，管理思想也开始萌芽和发展；19 世纪末 20 世纪初，随着工业化大生产程度的显著提高和社会经济活动的日益繁荣，管理越发得到重视，对管理活动的研究遂成体系并得以蓬勃发展，方兴未艾。正是这些丰富的管理思想和丰硕的研究成果，为本书对管理维度的分析和探讨奠定了基础。

和其他现代社会科学研究一样，真正系统的管理研究是受到自然科学的启迪和影响的。一般认为，管理学科的创建是以泰勒的科学管理为标志。泰勒以提高劳动生产率为目标，通过工时和动作研究，制定出有科学依据的工人合理工作量和合理化的操作方法，将劳动和休息时间、工具和作业环境更好地协调起来。自此，管理研究逐步形成了自己的范畴体系，步入了系统、规范的轨道，管理学与哲学、历史等其他古老的学科一样，成为科学研究大家庭的一员。

三、管理维度分析对档案管理理论研究的意义

维度分析能引发对管理学研究视角、方法和理论框架的重新认识和探讨，增强管理学理论的拓展性和开放性，管理维度分析对隶属其中的档案管理理论研究也能产生诸多作用和启示。最重要的是，有助于确认和论证档案学的管理类学科属性，有利于提升档案管理理论研究在管理学科群中的地位和影响，并能为有中国特色的档案管理理论研究探索一个原创性的突破口，具体有以下三方面功能。

（一）以管理多维度论证档案管理学的属性和定位

档案学的管理学科属性并非长期以来就被人们所明确和关注，在中国档案管理理论研究史上，就一度将其归属于历史学的辅助学科。

通过管理维度分析，将档案管理理论研究置于管理活动的三维结构中，不仅可以促使档案管理理论研究在每个管理维度都有所建树，还可论证档案管理理论研究在管理资源和管理方式两个维度上能够大有作为，有着其他管理类学科不具备的优势。

（二）档案管理理论研究对管理实践的作用与意义

档案学既是一门管理性质的科学，也是一门应用学科，来源于实践，也必将回归实践。基于管理维度分析去认识和考察中国档案管理理论研究，不仅能引发对档案管理活动的重新认识和把握，既有助于理解和深度挖掘档案信息资源，又能凸显其对管理的保障作用，有利于减少或避免管理资源重复建设，一定程度上改变对管理资源的浪费或漠视现象，从本源上促进管理资源的最优配置；更能凸显档案管理理论研究在社会和机构管理各个维度中的作用与功能，如对管理活动中文件方式的全面分析和梳理，有助于管理方式的

规范与创新，为解决当前诸多社会管理问题提供新的思路和方法，具有实践意义和现实价值。

（三）档案管理学的研究空间和方法要拓展与创新

在管理维度分析的基础上，对档案管理理论研究予以重新审视和梳理，不仅有助于拓展档案学的研究内容，创新其研究方法，还有利于认识和理解档案管理理论研究在管理内容维度上的基础性功能，发掘档案管理理论研究在管理资源建设和保障上的特有优势，同时将文件方式定位为通用的基础性管理方式，有效提升档案学在管理科学体系中的地位和影响。

第二节　档案管理中的管理内容

作为应用型管理学科的档案学，其研究起源和基石都是档案管理实践活动，归属管理内容的档案与档案管理均为其最重要的研究对象，因而长期以来，中国档案管理理论研究者都立足于此。此外，只有夯实管理内容维度的档案管理理论研究，才能实现档案信息的有效组织和服务优化，才能更好地为机构、社会管理提供资源和方式保障，其他维度的档案管理理论研究才会有更坚实的基础和发展的动力。

一、管理内容的含义

内容是事物所包含的实质性事物，即事物内部所含的实质或意义，哲学上是指事物内在因素的总和，往往与"形式"相对。

管理内容即管理活动的对象及管理活动所要实现的职能和任务。也就是说，对于某一特定的管理活动和行为，其管理内容既可以是具体的对象，也可以是抽象的过程，还可以是具有更深内涵的职能，特别是许多宏观的管理活动中，对程序和职能的管理更是其日常工作的主要内容。如档案管理活动中，档案工作者和档案信息自然都是管理内容，而对文件案卷的收集、整理等过程也是管理内容，此外，档案管理机构的职能同样还是管理内容，只是考察的层面和范围不同而已。

二、档案管理理论研究

归于管理内容的档案管理理论研究包括对文件（档案）概念和现象的研究、对档案管理程序的研究、对档案管理职能的研究。

（一）内容管理与管理内容的关系

"内容管理"与"管理内容"在内涵和外延上的差异，主要源于对"内容"和"管理"的不同解读。"内容管理"中的"内容"一词起源于出版传媒业，是一个比数据、文档和信息更广的概念，是对各种结构化数据和非结构化文档的信息聚合，在某种程度上也包含了知识；"内容管理"中的"管理"，则是指施加在"内容"上的一系列诸如收集、鉴定、整理、定位、转发、存档等处理过程，以促使"内容"能够在正确的时间、以正确的形式传递到正确的地点和人。因而有人将内容管理定义为：组织或个人借助信息技术，通过实现内容的创建、储存、分享、应用与更新，在业务与战略等方面产生价值的过程。

本书所述"管理内容"中的"管理"则是一个广义的概念，泛指机构和社会的一切管理活动，而其中的"内容"即这些管理活动的对象及管理活动所要实现的职能和任务，也就是说，对于某一特定的管理活动和行为，其"内容"既可以是具体的对象，也可以是抽象的程序，还可以是具有更深内涵的职能。

"内容管理"与"管理内容"的区别主要在于研究角度不同：内容管理是相对信息技术而言，由于受到网络和信息技术迅猛发展的影响，部分研究人员和管理者过分关注和依赖信息技术的功用，而忽视内容层面的研究和管理，内容管理的提出即意在强调对信息内容的共享和挖掘，有利于信息资产的充分开发和利用；管理内容则是相对于管理的方式和资源而言，在管理活动中将其单独列出能引发对传统管理学研究的重新审视，有利于引起对资源和方式等其他维度的关注和重视，拓宽研究的视域和范围。此外，由于管理内容中两个词的内涵均小于前者，因而其外延与研究的范围都要远远大于内容管理。

"内容管理"与"管理内容"的联系和相通之处也是明显的，并且关系甚为紧密：一方面，内容管理本身就是特定机构和社会管理的内容之一，即前者包含于后者，是后者的有机组成，如图书情报机构最重要的管理内容就是对馆藏信息内容进行有效组织加工与提供利用；另一方面，内容管理能服务于管理内容，有效的内容管理为社会与机构管理活动提供大量有效的数据和信息，甚至直接产生价值和效益。同时，无论是关注内容管理还是管理内容，对于档案管理理论研究而言都不乏启示和运用：基于内容管理的研究顺应了档案管理从实体管理向信息管理转变的趋势，有助于引领档案管理者和研究人员的思维方式转变，推动档案数据库的建设，增强档案管理实践的调适功能；而从管理内容维度去探讨档案管理理论研究，有利于看到自身的长处和根本的同时，也认识到现有研究的挑战和机遇。

（二）以管理内容为前提的档案管理学的起源与发展

无论是西方还是中国的档案管理学研究，其萌芽和起步阶段都是根源于档案管理实践，最初的研究成果大多是面向管理内容的。档案学在成长与壮大过程中，仍然立足档案与档案管理等管理内容。

当前档案管理理论研究的重心和中心依然是管理内容。档案利用与信息化、数字档案馆、电子文件管理、档案法制建设等是档案学的研究重点，这些无疑都归属于档案管理内容。周毅也指出，在相当长的时期内，档案学仍将学科的基本问题归结为档案管理、档案编研、档案保护、档案技术等基本问题，将学科的理论归结为档案形成理论、全宗理论（整理理论）、文件运动理论等，其显著特征都是以"档案"这一管理对象作为研究中心。

（三）以管理内容为前提的档案管理学研究界定与特征

管理内容包括管理活动的对象、流程及所要实现的职能和任务，具体到档案管理实践，其管理内容既可以是具体的对象文件（档案），也可以是抽象层面的档案管理程序和档案管理职能。因而只要涉及这几个方面的档案管理理论研究即可归属管理内容维度，如文件（档案）的定义、特征、类型、功能与价值，档案的收集、整理、鉴定、保管、检索、编研与统计，档案行政机构、档案信息机构的管理职能等。

根据上述界定，不难得出基于管理内容的档案管理理论研究的特征主要有以下三点：

1. 任务导向

在管理内容维度的构成中，对象、程序和职能是其核心要件，而档案实践活动最重要的管理对象是文件（档案），相关程序和职能都是围绕文件（档案）展开的，重视研究文件（档案）及相关流程和功能的特点是与生俱来的，其出发点和立足点都是如何更好地实现文件（档案）管理的相关任务。特别是在档案史料和实体管理阶段，对资源和用户的漠视，使得关注文件（档案）的组织与保管的偏好表现得淋漓尽致，这种任务导向也是对档案管理程序和职能研究的惯性使然。

2. 体制依赖

所谓体制依赖，一是指基于管理内容的档案管理理论研究，从萌芽到形成都是特定体制的产物，在其发展和壮大过程中，同样有当时时代管理体制的烙印；二是大量相关研究都显示了对管理体制的关注和偏好，而解决档案管理问题的方法也寄望于体制的建立和健全。这其实是同一问题的两个方面，正因为档案管理活动需要体制予以支撑，才会重视和探讨体制的改革和优化，而研究的深入又能完善体制的功能，进而保障档案管理活动的顺利进行。

3. 安全优先

由于档案信息的特殊性，为确保其完整性、真实性和可靠性，基于管理内容的档案管理理论研究对安全问题格外重视，加之原有相对封闭的档案管理体制造成的过度强调保密，使得档案管理者和研究人员长期以来紧绷安全这根弦，一直在保管保密和开放利用之间犹豫徘徊，将用户、服务、效率和效益等的关注降为次要和辅助地位，而面对数字环境下电子文件管理带来的挑战所表现出的畏惧和茫然，更凸显了这一爱好和倾向。

（四）以管理内容为前提的档案管理学研究作用与功能

内容是管理活动开展的根本和任务所在，管理资源与方式都是围绕管理内容而展开的，内容维度的档案管理理论研究不仅有助于对档案管理实践的提升和指导，也是其他维度档案管理理论研究的前提和基础，可见基于管理内容的研究是档案学的核心基础。其具体的作用与功能如下：

1. 能直接服务与指导档案管理实践

内容维度的档案管理理论研究与档案管理实践息息相关，既来源于档案管理实践，又为档案管理实际服务。即从档案和档案管理的实际出发，继续深化对档案管理的对象、程序及职能的研究，能动地反映档案管理的客观规律，在探讨档案的形成、性质和价值的基础上，发现档案与档案管理的规律，提出档案管理的科学理论、原则和方法，以指导和服务于实际档案管理，进而有效地提高档案与档案事业的科学管理水平。

2. 是管理资源整合与保障的前提

如前分析，管理资源包括人、财、物和信息等基础性资源，也包括规则、权力、人脉和文化等特有资源。档案信息作为管理活动中必需的信息资源，越来越为人们所认识和认可，很少有人会质疑档案管理是信息这种资源的重要来源和保障，但往往不甚明了档案在其他资源上的作用和影响。其实档案管理一直在人、财、物等资源配置上发挥着巨大作用：一方面，健全的档案管理能保证管理资源不被随意挪用和流失；另一方面，管理者在计划和决策时，一般都需要借鉴过往类似活动在人力、物力和财力方面的投入情况，档案管理者如能及时调出并予以适当汇编，就能保证资源配置的合理性和时效性。档案与档案管理还是权力、人脉等隐性管理资源的基本保障，如民主体制下，越来越多地须要利用档案来证明权力的来源及其合法性和权威性。而档案与档案管理正是基于管理内容的档案管理理论研究的核心和重点，在引领档案管理革新和优化时，促进了档案这种管理资源的整合与利用，也夯实了其他资源的保障基础。

3. 是管理方式的验证与探微

一般认为，档案管理是机构和社会管理活动的记录者和辅助者，而不太认可档案管理人员也是管理活动的直接参与者。一方面是因为他们只关注管理活动的内容维度，过分狭义地理解管理的内涵；另一方面是不自觉地将档案管理的性质等同于档案的属性，认为档案管理活动总是事后的和迟滞的。其实，档案管理早已渗入文化教育和服务民生等公共管理活动的方方面面，不再仅限于对社会历史记忆的保存和为管理提供决策参考信息，档案早已成为直接化解社会矛盾的重要依据、维护和平衡各方利益的武器，法制社会中的档案还是管理权力来源的基本凭据，因此，档案管理伴随机构与社会管理活动的全部流程，其本身就是一种管理手段，能在一定程度上提高管理的效率和效果。此外，档案管理与其他的社会管理在原理和本质上是相通的，它们的管理方式是可以互相借鉴和利用的。许多社会管理方式可以为档案管理活动所用，而档案管理的方式同样也可以"输出"和推广，最明显的佐证之一就是档案行政管理活动同样也要通过文件方式予以推行。可见，内容维度的档案管理理论研究可以作为管理方式研究的参照和印证。

第三节　档案管理中的管理资源

一、管理资源的含义

资源在词典中的解释为：可利用的自然物质、生产资料或生活资料等的来源。本书所述的管理资源即为管理活动所需的资源。

一般认为，所谓管理资源无非就是传统的"人力、物力、财力"资源，再加之近年来比较吸引眼球的"信息资源"，而资源管理就是人力资源管理、物业管理、物流管理、财务管理、信息资源管理等，这些理解和认知比较通俗易懂，但同时也略为粗浅和表象。因为这些观点对管理资源缺乏深层次的思考与研究，只注意到了显性的基础性资源，忽略了规则、权力、人脉、文化等半显性或隐性的"特有资源"。

管理资源包括显性资源、半显性资源和隐性资源，前者如人力资源、物力资源、财力资源，中者如技术、规则和信息资源等，后者诸如权力、人脉和文化等。显性和半显性资源是管理活动中的"资质因素"，而隐性资源是其中的"动力因素"，这些关键的、重要的管理资源实际上都是管理的命脉。

管理资源还可分为基础性资源和"特有资源"两个层次，前者如人力资源、物力资源、财力资源和信息资源等，为管理活动提供外在保障；后者诸如规则、权力、人脉和文化等，为管理提供内在保障。管理活动中的两类资源都是不可或缺的，如作为管理"特有资源"的"权力"是一种单方面的影响力，"单方面"是指权力的"非对称性"，这种"非对称性"的资源是"稀缺的或者具有潜在稀缺特征的资源"；规则包括"明规则"和"潜规则"，具体形态包括规章制度、道德法律、风俗习惯、社会结构等，规则的形成和行使是建立在特定的"权力诉求"之上的，而规则肩负着"权力诉求"载体的重任，离开规则，管理活动无法进行，管理目标也就无法实现。

归于管理资源的档案管理理论研究包括两方面：一是研究文件（档案）内容信息的开发与利用，作为管理活动重要的基础性资源之一，信息活动贯穿各管理环节中，其中的文件（档案）信息更具确定性和凭证性，能直接服务于管理的决策和组织，在管理活动中具有不可替代的作用；二是研究文件（档案）是如何实现对其他管理资源的保障，特别是在保障权力和文化等隐性资源中的功能和作用。

二、以管理资源为前提的档案管理理论研究

（一）资源管理与管理资源之间的区别与联系

资源是一个动态的概念，不同的生产力水平和认知条件下对其内涵与外延的理解不同，但不变的是资源必须是与人类需求相关，并在人类活动中可资利用的事物。即可利用性是所有资源的本质特征。

关于"管理资源"，通过前文的分析可知，本书将其理解为管理活动所需的资源，不仅指人力、物力和财力等显性资源，还包括技术、规则和信息资源等半显性资源，以及权力、人脉和文化等隐性资源，显性和半显性资源是管理活动中的"资质因素"，而隐性资源是其中的"动力因素"，这些资源都是管理的关键与命脉，不可或缺。

至于"资源管理"，通俗地理解，就是对各类能满足一定主体需求的对象进行有效的控制、加工、配置及利用的过程，常见的如人力资源管理、物资管理、能源管理、信息资源管理等。资源管理是指对人力、技术、经济、信息等资源的管理，良好的资源管理应达到这些要素的统一。资源管理问题是公共管理研究的重要课题，研究资源管理能更好地发挥政府和公共职能，有利于引导市场和企业提升其核心价值、保持其竞争优势，资源范畴的拓展是公共管理和企业管理理论发展的共同需要。

"管理资源"与"资源管理"是既相联系又相区别的两个概念。两者之间的联系在于，都包含了对资源的关注和重视，只不过在对"管理资源"的研究中，一般会同时考察

和比较多种资源的状态和效用，而在研究"资源管理"时，往往只着眼于某一资源，而对该资源的探讨相对更为深入和全面。同时，在任何资源管理活动中，都需要管理资源的保障和支撑，而任何管理资源也都可以成为资源管理的对象，两者是互为条件、相互依存的。

区别在于两者关于资源的内涵不同，这使得管理资源的外延相对较小，也就是说，几乎所有"资源"都可作为管理的对象，而"管理资源"只是其中对管理活动有益的那一部分。此外，这两个概念的出发点有所差异，"管理资源"的提出是为了探讨资源在管理活动中的功能和效用，其研究基点是管理活动；而后者研究的则是特定的资源，即如何利用适当的管理方式和手段，实现对某类资源的有效组织、加工和配置。

（二）以管理资源为前提的档案管理理论研究的本质与特点

面向管理资源的档案管理理论研究在本质上具有双重性：一方面要研究其自身作为资源的属性和规律，即作为信息的一般性征和专有特质，研究文件（档案）内容信息在采集、描述、组织、检索、存储、传播、开发与构建等方面的规律；另一方面，要研究档案与档案管理的资源保障功能，既包括对人、财、物等显性管理资源的信息保真与保全，还要探讨对半显性和隐性管理资源的挖掘与控制。这种双重属性和功能，决定了资源维度的档案管理理论研究具有如下特点：

1. 用户导向

用户导向是资源维度档案管理理论研究的本质要求，因为资源的首要属性就是其之于主体的价值和有用性，离开对用户需求和用户倾向的了解和把握，资源的开发与保障研究就会失去动力和目标。这里的用户不单指资源的利用者，还包括管理活动的所有主导者和参与者，其中自然也包含以机构和团体为单位的管理主体。

2. 技术依赖

基于资源的视角研究档案管理活动，必然要对文件（档案）的内容进行描述、组织和提供利用，再用传统方式去处理海量的信息变得十分困难，对信息技术的运用和依赖就成为必然。此外，由于文件（档案）信息的一次管理无法满足不同层面、不同类型的用户需求，还要对其进行挖掘、开发和构建等深层次的加工处理，技术的进步为其提供了可能和便利。在这样的背景下，对技术的关注和依赖，就成为面向管理资源档案管理理论研究的偏好和重要特征。

3. 服务优先

与内容维度过分强调资源本身的安全性不同，资源维度的档案管理理论研究秉承用户至上、服务优先的理念，不仅强调开放利用，而且对资源的可用性和易用性十分关注，将用户、效率和效益等置于主要和主导地位。正因如此，这一维度的档案管理理论研究及其指导下的档案管理活动，往往更具开放性和拓展性，能涉足更宽泛的领域、开发更丰富的功能。

（三）以管理资源为前提的档案管理理论研究的意义与作用

资源是管理活动开展的前提和基础，管理内容能顺利完成、管理方式能发挥功用，都有赖于管理资源的支撑和保障。管理资源维度下档案管理理论研究的双重功能和多样特征，使其具有以下不凡的意义与作用：

1. 能推动档案管理活动理念与方式创新

资源维度的档案管理理论研究关注用户、强调服务，对固守封闭的档案管理模式无疑是一个冲击，要求档案管理者在服务理念和管理方式上都要有所创新，能推动档案管理不断革新和改进，促进机构信息资源的结构优化。同时，面向资源的研究成果能直接指导档案管理实践，提高档案实践工作者的信息处理和服务水平，进而提升档案管理和人员的社会影响力。

2. 能促进管理资源的配置优化与价值增益

加强文件（档案）内容信息的开发与利用研究，有助于管理主体对人、财、物等资源的全面把握和实时调配，有利于对权力和人脉等隐性资源的适度利用，以保证资源配置的合理性和时效性，在管理活动中具有不可替代的地位和作用。充分全面地发挥档案的资政决策和检测评价功能，事实上已经实现了档案这种资源的价值增益与转化。

3. 能提升档案学在管理学科群落中的地位

档案本身是重要的管理信息资源，档案管理在管理活动中能对包括自身在内的各类资源予以保障和优化，而这些都是档案管理理论研究的对象和内容，也是其优势和强项。从资源维度去认识档案学能提升研究主体对本学科的认知度和自信心，有利于引发其他管理类学科乃至整个科学界对档案管理理论研究的肯定和重视，进而有效提升档案学的学科地位和尊严。因而可以说，这一维度的探讨和成果是档案管理理论研究的价值增长点。

三、档案管理中档案信息资源的一次管理

本书认为档案信息资源管理可划分为两个层面：一次管理和二次管理。前者是指通过对文件（档案）信息的采集、描述、组织、检索、存储、传播与服务等，保障档案信息资

源的可用性；后者则是针对档案信息资源的内容与特征，对文件（档案）信息进行开发、构建与营销，旨在实现档案信息资源的易用性。

本节将分别对文件（档案）信息的采集与描述、组织与存储、传播与服务等方面的研究予以适度展开。当然，探讨档案信息资源的一次管理也离不开文件（档案）信息检索的研究，且现代档案检索与信息检索在原理上是相通的、在技术上是互用的、在研究上是重叠的，故此不再赘述。

（一）文件（档案）信息的采集与描述

1. 档案信息采集

所谓信息采集，指的是信息机构和信息人员，根据一定的目的和需求，通过购买、征集、交换等方式，获取各种形态的信息并予以汇集的过程。信息采集来源包括文献型信息源（如图书、报纸、期刊、政府出版物、公文、报表等）、口述型信息源（如电话、交谈、咨询等）、多媒体信息源（如广播、电视、多媒体数据库等）、实物型信息源（如展销会、博览会等）。

广义的档案信息采集，是指对档案及其相关信息进行捕获、登记、分类、添加元数据和存储的过程。就获取途径而言，可分为原始信息采集和二次信息采集两大类，前者是指实际对象直接取得的第一手信息，后者是对他人业已收集或积累的信息资料的再收集。从采集对象来看，可分为三类：一是档案的内在信息，即档案的内容信息，这是档案信息的基本部分；二是档案的一般特征信息；三是档案的历史联系信息。狭义地理解，它仅指捕获和登记档案的内容信息。

档案信息采集是档案信息资源管理的前提和基础，是档案信息资源一次管理的起点，其质量的好坏决定了档案信息管理整体水平的高低，可见，研究档案信息采集具有极强的实践指导价值。同时，由于档案信息的特殊属性，如要求保证其真实、完整性和可靠、可用性，因而对信息采集的研究还保证了其他环节相关研究的顺利展开和价值实现，具有理论基础意义。档案信息采集研究的主要内容有：档案信息采集的意义与基本要求、档案信息采集的对象与特点、档案信息采集的原则与方法、影响档案信息采集的内外因素研究、档案信息采集的标准与评价等。

2. 档案信息描述

档案信息描述是指按照一定的规则和技术标准（如档案著录规则、档案与电子文件元数据标准等），对档案信息的外在特征和部分内容特征进行系统说明并予以记录的过程。信息描述以文件（档案）信息的外在特征为主，但也不乏对内容特征的描述，具体包括对档案信息的物质形态、主题内容和形式特征等进行分析、选择和记录。

首先，通过信息描述，能将文件（档案）信息的内容特征（如概要、主题等）、外表特征（如责任者、题名、密级、来源出处、形成时间等）和物质特征（载体类型、装订、页册数等）加以表述和记录，能有效揭示文件（档案）信息的内涵与特征，加深对信息的理解和把握。可见，研究档案信息描述，有利于提升对文件（档案）信息识别和揭示的水平，从而更好地对海量的档案信息资源进行有效的组织和定位。其次，通过对档案信息描述的研究，有利于把握并依据档案信息和用户的特点，同时通过对信息描述结果数据的分析，科学地选择和确定检索点，以提高档案信息检索质量和利用水平。此外，相关研究还能加强档案信息描述标准和格式的兼容性和统一化，极大地方便了不同档案机构之间的信息交换，也能据此实现异构资源的整合和共享。

档案信息描述研究的主要内容有：档案信息描述的原则与要求、档案信息描述的基本方法与技术、档案信息描述的标准与标准化研究、专业或专门档案的信息描述、不同载体类型档案的信息描述等。

我国档案界对信息描述的研究尚处于起步阶段，且由于信息描述与信息组织及检索在内容上有诸多的重复和重叠，而档案信息描述属于文献信息描述的具体应用，所以，目前针对档案信息描述的专题研究成果偏少，而专著更是鲜见。

（二）文件（档案）信息的组织与存储

1. 档案信息组织

档案信息组织是基于对信息内容、结构、形态特征的分析和描述，根据检索和利用的需要，对文件（档案）信息进行选择、标引、处理和储存，使其成为有序化集合的活动过程。一般认为档案信息的组织有分类组织法（如职能分类）、主题组织法（如档案主题词分类）、时空组织法（如大事记与年鉴）、字顺组织法和随机组织法等。

档案信息组织是档案管理的重要环节：一方面它本身就是加工和开发档案信息的主要手段；另一方面它能为档案信息的检索和传播做好铺垫和准备。研究档案信息组织，有利于优化和丰富信息组织的方式手段，通过甄别、重组和精化信息，促进档案信息的有序化，以充分有效地利用存储空间，在一定程度上解决档案信息分布的普泛性和信息效用个体性之间的矛盾。

档案信息组织研究的主要内容有：档案信息组织的发展和特点、档案信息组织的目的和作用、档案信息组织的原理与理论基础档案信息组织的原则与方法、影响档案信息组织的内因和环境分析等。

2. 档案信息存储

有人提出，信息存储是有组织的信息表现形式，是一种异时信息利用行为，属于广义的信息组织的构成部分。这里包括将所采集的信息记录于特定载体上，将这些信息载体有序化，以及保证信息的长期可用性等三层含义。因此，简而言之，档案信息存储就是应用先进的技术和手段，对所采集或拥有的档案信息资源进行科学有序的存放、保管，以备利用的过程。

由于档案信息资源的逐步数字化和虚拟化，使得档案信息资源的异地存取、异时利用成为可能。对档案信息存储的研究顺应了这一潮流和走向，在保证档案信息资源的完整、安全、及时获取和长期有效等方面都具有指导意义和导向功能，能促进档案信息资源的共建共享和充分利用。

档案信息存储研究的主要内容有：档案信息存储的发展历程，档案信息存储的技术与方式，信息存储的介质、装具和设备研究，档案信息存储的程序与要求，档案信息存储的安全问题，档案信息存储的环境要求等。

（三）一次管理与管理程序之异同

本书对"档案信息一次管理"的研究，内容涉及文件（档案）信息的采集、描述、组织、存储、传播与服务等，与档案收集、整理、鉴定、保管、检索、编研、利用与统计似乎有重复之嫌，且两者在管理维度上的定位貌似也难以区分，有必要予以辨析。

一方面，两者的区别是明显的。首先，两者的研究目的不同，对"档案管理程序"的探讨，是为了验证和说明传统档案管理理论研究对"程序（或过程）"的关注是属于管理内容维度的，而论述"档案信息一次管理"则是基于管理资源的视角：一则为下文"档案信息二次管理"及"管理资源的信息保障"的提出和研究做必要的铺垫；二则"一次管理"是对档案信息自身"资质"的基本保证，也就是说，档案信息之所以能成为管理资源，离不开"档案信息的一次管理"。其次，两者的导向不同，如前文分析，"档案管理程序"相关研究属于内容维度，其理念是任务导向，因而程序本身就是其关注的对象，而"档案信息一次管理"的相关研究是基于资源的维度和视角，属于用户导向，管理程序只是其目标实现的途径，最终目的还是资源的利用和效用的发挥。最后，两者的适用对象不同，前面所说的"管理程序"主要是针对传统档案的载体和内容而言，而"档案信息一次管理"研究富有时代特征，既强调传统形式档案的内容信息，也能反映数字环境下的档案资源特征，更具概括性和包容性。

另一方面，两者的联系也是紧密的和必然的：本研究对"档案信息一次管理"和

"档案管理程序"研究内容的表述，都是基于过程与流程的角度予以划分和展开的，而程序和流程在本质上归属于管理的内容，因而这两部分的相似就难以避免。管理活动的维度划分既是绝对的，也是相对的，资源与内容的关系十分紧密，任何管理内容的实现都离不开资源的支撑，而几乎所有的资源也都能成为管理的对象和内容，实践和现实既然如此，研究就自然无法割裂两者的联系，"档案信息一次管理"虽然目标和导向都是实现资源的效用或保障，但必须通过一定的形式（成为管理的内容）才能得以进行和体现，否则就是无本之木、无源之水。

四、档案管理中档案信息资源的二次管理

如前所述，对文件（档案）信息的采集、描述、组织、存储、传播与服务等属于档案信息资源的一次管理，这是档案信息之所以能成为资源的基本保障，即一次管理旨在保证档案信息资源的可用性；而随着档案信息资源的日渐丰富和复杂，一次管理已经无法满足档案信息用户的多元化和多样化需求，有必要对文件（档案）信息从内容上进行开发、在形式上予以构建、在手段上实行营销，即对档案信息资源进行二次管理，目的是实现档案信息资源的易用性、促进档案信息资源的效用最大化，进而提升档案工作的层次和水平，二次管理的提出也对档案学在资源维度的研究产生积极影响。

（一）文件（档案）信息开发

目前将文件（档案）信息开发仍定义为"编目与索引"的比较罕见了，主要有狭义和广义两种理解：狭义的理解为根据用户需求和馆藏实际，将档案中蕴藏的信息挖掘出来，以实现档案价值最大化的过程，这种理解认为文件（档案）信息开发是一个高层次的劳动创造过程，不同于收集、整理、编目等一般档案管理工作环节；而广义上的理解不仅包含了狭义的理解，还包括档案信息一次整理的全过程。

研究文件（档案）信息开发是档案事业发展的需要，也是资源维度档案管理理论研究的本质要求。一方面，能直接指导档案工作实践，有利于激发档案信息工作者的积极性和创造性，提升档案管理活动的层次和水平，促进档案资源的深层次挖掘和充分利用；另一方面，也能开阔和拓展档案学的研究视域，强化档案管理理论研究的功能和价值，进而有助于档案学的学科地位提升和可持续发展。

文件（档案）信息开发研究的主要内容有：文件（档案）信息开发的含义与内容、开发的特征与意义、开发的原则与要求、开发的技术与方法、开发的层次与过程、开发的组织与人才研究、文件（档案）信息开发的效益分析与趋势研究等。

（二）文件（档案）信息构建

信息构建是一个新兴的研究领域，信息构建有三层含义：一是信息组织、导航、标注与策划的组合；二是信息空间结构设计的优化；三是网络信息分类的科学和艺术。信息构建的核心内容包括信息的可访问性和可理解性。据此可以认为，档案信息构建是研究如何组织、表达和阐释文件信息，以保证其可用性和易用性的艺术与科学。

档案信息构建与档案信息组织既有联系又有区别。两者的联系在于：信息构建是建立在档案信息组织的理论与实践基础上，而档案信息组织又是信息构建的主要内容并为之提供技术支持。两者的区别在于：信息组织多是从信息管理人员的角度来考虑技术和方法，侧重于信息的系统性和有序性，而信息构建更关注信息用户的理解和利用，侧重于信息的清晰和可理解。两者的最大不同在于：信息组织只关注信息加工与排列的科学性，而信息构建则注意信息呈现的科学性和艺术性。由于信息构建存在强调信息的艺术性和可理解性、强调用户的需要和体验等特点，可见研究文件（档案）信息构建不仅对档案管理实践与档案信息服务理念创新具有冲击力和影响力，对档案管理理论研究的理论拓展也大有裨益。

文件（档案）信息构建研究的主要内容有：信息构建的原理与方法、信息构建对文件（档案）信息组织的作用和影响、文件（档案）信息构建的特点与要求、文件（档案）信息构建的内容与原则、档案信息用户研究、文件（档案）信息工作者信息素质研究等。

（三）档案专题信息营销

对于信息营销，目前有两种理解：一种将信息营销定义为，企业（机构）综合运用各种现代信息技术，以各类有效信息为重要资源来制定营销战略，并协调和管理营销工作，以获得竞争优势的一种营销方式；另一种认为，信息营销是信息服务机构为满足信息用户需求，对其信息产品与服务进行调研、分析、组织、促销等系列活动，并实现价值交换的过程。前者是将信息作为营销的资源与手段，而后者是将信息作为营销的产品和对象。本书持后一种观点，认为档案专题信息营销是指，在政策和法律许可范围内，档案信息机构按照信息市场的规律，选择适当的经营方式和策略，完成信息商品和信息服务从专题开发到交换利用的转换，向用户提供特定信息产品和信息服务的过程。

信息营销研究在图书情报界受到一定的关注和重视，相关成果较多，但在档案管理理论研究领域缺乏影响。这是由于档案信息的特殊性和档案工作的相对封闭性，许多人认为档案信息资源无须"营销"也无法"营销"，其实这种理解有一定的偏差。一则，档案信息资源特别是经调研后专门加工的档案信息，与普通的物质商品一样，是价值和使用价值的统一体，是能满足社会需要、凝结了一般劳动的智力成果，因此可作为商品来生产、流通和使用，具有推广和推销价值；二则，运用营销的原理和策略能促进档案信息的开发利用，改变档案信息工作者的理念，激发其内在动力，提高档案信息开发的效率，进而塑造档案信息服务的新形象，实现档案馆职能的拓展和服务的强化。可见，档案信息营销是可行的，档案专题信息营销研究更是必要，有利于改变档案工作者和档案研究人员的观念与思路。

档案专题信息营销研究的主要内容有：档案信息营销的含义与内容，档案信息营销调研与预测，档案专题信息的选择、确定与加工，档案信息营销环境分析、市场与用户行为分析，档案信息营销战略规划，档案信息产品价值分析，档案信息营销的策略和方法等。

现有的研究主要有：宋李娜分析了档案信息服务"营销"的宗旨与"营销"组合，并从产品、服务、广告与宣传等方面探讨了档案馆信息服务的"营销"战略，以促进档案信息资源的充分利用，满足社会和公众的需求；王卫兵探讨了县级档案介入信息市场的营销策略问题，提出强化自身、发挥优势、公关宣传、拓展业务、价值政策、组织促销和服务优化七条营销策略，以谋求"档案信息商品化"。

档案学在信息营销领域的研究还亟待加强，这是推销和推广档案信息资源，提升档案管理与档案管理理论研究水平和地位的内在要求。许多人认为，档案管理很少直接参与社会与机构管理活动当中，给人置身事外、"大隐隐于市"的印象，档案学也在管理研究领域属于"隐学"。新的管理环境对档案管理提出了新的要求，机遇与挑战并存，此时要意识到"有为才有位"，要抓住时机、乘势而上，还要能"就势造势"，善于宣传与营销，开展各类档案文化活动，推出更有吸引力的档案文化产品，让更多的单位和个人熟悉档案管理、利用档案资源，在扩大档案管理影响的同时，提升档案管理理论研究在管理资源维度的空间和地位。

第四节　档案管理中的管理方式

方式通常是指说话做事所采取的方法和形式，也常解释为可用以规定或认可的形式和方法。因而管理方式既可指具体管理行为所采用的方式和办法，也可以抽象地理解为管理活动的通用手段或模式。简而言之，管理方式是依据管理内容的特点和要求，对管理资源进行整合、配置的方法与途径。

依据不同的标准，对管理方式的类型有不同划分：根据管理过程中是否产生言语行为，可以分为言语型管理方式与非言语型管理方式，前者如面谈、会议等，后者如文件、肢体表达等；根据管理行为发生的场合，可分为直接型管理方式（如现场、会见等）与媒介型管理方式（如文件、电话等）；根据管理行为正式与否，可分为正式管理方式（如文件、会议等）与非正式管理方式（如暗示、闲谈等）；根据对资源处理的程度，管理方式可分为一次管理和二次管理两个不同层次。

以管理方式为前提的档案管理理论研究主要包括：直接与媒介管理方式对比、管理活动中文件方式的特点与功能、管理活动中文件方式构成要素分析、管理活动中文件方式影响因素分析、文件方式的历史梳理与创新研究。

管理方式是管理资源整合、配置与利用的方法与途径，是管理内容与管理功能得以实现的基本手段。管理维度空间中承担着"连接"内容维度与资源维度的作用，也就是说，离开管理方式的支撑，资源就无法服务于管理内容，甚至不能称之为管理资源，而管理内容也就无法展开与实施。此外，与管理资源和内容的相对固定、客观性较强不同，管理方式还具有相当的灵活性和能动性：一则管理方式的选择受管理主体的支配和左右；二则同样的管理方式和手段，经由不同的管理者运用，其结果与绩效也会不同。

文件方式属于一种正式的、非言语型、媒介类管理方式，是管理活动中最重要、最通用，也是最经济的管理方式，由于其具有确定性、规范性、可控性等比较优势，现代社会与机构管理都离不开这种方式的运用和支撑。而文件方式一直是档案管理理论研究的特色和强项，在管理学科体系中有无可比拟的优势。正如胡鸿杰所指出的，其实中国档案学并不缺乏影响整个管理学科的研究领域，至少在管理方式和管理资源这两个维度上都是大有作为的。可见，归于管理方式的档案管理理论研究不仅在指导管理活动实践、促进管理效率的提高方面有着积极的作用，还能提升档案学在管理学科的地位和影响，摆脱中国档案学长期以来缺乏原创性和本土特色的尴尬局面，最终形成学科研究的核心竞争力。

一、以管理方式为前提的档案管理理论学研究

（一）以管理方式为前提的档案管理理论研究阶段与内容

文件方式作为社会与机构管理活动中最重要、最通用的管理方式，由来已久，一般认为随着文字的出现和国家的产生，它在管理中的基本职能便已出现。

文件方式一直是档案管理理论研究的特色和强项，而最初的研究又集中在其分支学科"文书学"上（当然，文书学不是文件方式研究的全部）。

而从媒介形态特征来看，可分为传统文件方式和电子文件方式两个研究阶段。前者是指对以纸质文件为代表的文件方式的相关研究，在我国起源于民国时期；而后者是对数字格式存储的文件方式的研究。

从管理理念来看，可分为"管制型"文件方式和"服务型"文件方式两个研究阶段。之所以会有这两个阶段的区分，主要是来自我国行政管理和社会发展实践的冲击，中国几千年封建专制统治和高度集权的计划经济体制，使得"管制型"文件方式影响极深，而政治民主化进程和市场经济发展要求政府从统治者的身份逐步转变为社会的服务者。"管制型"权力运行的向度是自上而下的，社会管理活动都由政府主导推动，较少考虑社会公众的愿望和多样化需求，其文件方式是封闭的、机械的；"服务型"则是一个上下互动的管理过程，它主要通过合作、协商、认同和建立共同目标等途径来推动管理活动进行，因此，其文件方式也就相对较为开放和灵活，特别是程序的开放性是"服务型"管理方式的基本要求和主要特点，没有过程的公开透明，就无法分清权责的范围和大小。至于管理方式维度的档案管理理论研究内容，无论属于哪一历史发展时期或哪种媒介形态，也无论何种管理理念，都应该涉及文件方式的含义与特点，文件方式的功用与意义，文件生成（制作）、流转、督办与办毕处理等的发展历程与趋势，文件方式的构成要素与环境分析等方面的研究。

（二）以管理方式为前提的档案管理理论研究倾向与特色

本书对管理方式的理解是：依据管理内容的特点和要求，对管理资源进行整合、配置和保障的方法与途径。在管理维度空间中，管理方式承担着"连接"内容维度与资源维度的功能和作用，只有借助和利用一定的管理方式，资源才能服务于管理内容。与此同时，管理方式也受到管理资源和内容的制约和影响，并为管理目标所指引和控制，为管理主体所左右和支配。因此，归于管理方式的档案管理理论研究呈现如下倾向与特色。

1. 目标导向

方式是服务于管理内容的，但最终是服务管理的目标，管理方式从选择、确定到运用，无不围绕和依托于管理的目标，归于管理方式的档案管理理论研究自然也着眼于社会与机构管理的终极目标，即实现资源的最优配置和效用最大化。因而方式维度的研究属于目标导向型，这与内容维度的任务导向不同，后者更关注细节和具体，相对较为短视，而目标导向则着眼于长远与整体，更注意通用性和兼容性。目标导向与资源维度的用户导向也不同，后者由于过分强调需求者的诉求和利益，往往忽视了提供者和其他相关主体的权益，而方式维度的研究则为了高效地实现管理的内容与目标，自然会以权益平衡为基础，注意权益补偿和救济机制的建立。

2. 系统依赖

系统依赖有两层含义：一是指对具体系统的依赖，即离开由生成机制、流转机制和监控机制共同组成的文件运作系统，文件方式就无立足之本，更不用说发挥其功用了；二是宏观的管理系统，指管理方式的效果发挥对管理的资源与环境具有极大的依赖性，这就是为什么不同的管理主体会选择不同的管理方式和策略，而同样的管理方式和手段，经由不同的管理者运用，其结果与绩效也会不同。虽然资源是属于管理的内在性要素，具有可预期性，能为管理者所把握和控制，但管理的环境却是外在的、不可预测的，因而管理方式维度的研究必须探讨文件运作系统及其与外部环境的互动。

3. 效能优先

既然归于管理方式的研究是目标导向，强调以最少的资源赢得最大的效益，这里的效益不是指单纯的经济效益，而是包括社会效益在内的综合效益，所以效能问题是其优先研究和考虑的。

（三）以管理方式为前提的档案管理理论研究功用与意义

方式不仅是管理资源得以整合与利用、管理内容与功能得以实现的基本要素，还是这两个维度的"关联"者与沟通者，管理方式的研究在指导管理活动实践和提高管理效能等方面有着积极的作用。档案管理理论研究一直在文件这种管理方式上有着无可比拟的优势，而文件方式因其具有确定性、规范性、可控性等特点，一直为社会与机构管理所通用和倚重。归于管理方式的档案管理理论研究具有以下功用与意义：

1. 能直接应用于社会与机构管理实践

与内容维度的档案管理理论研究主要用于指导狭义的管理活动档案管理实践不同，研究文件方式是服务于广义的管理活动，即旨在为各种类型的管理活动提供可资利用的手段和方法，以在遵循管理活动规律的基础上，实现管理资源的有效配置与利用，提高管理活动的效能和水平。

2. 能促进管理方式的优化和集成

所谓优化，一方面是指由于这一维度的档案管理理论研究本身就是对文件方式的研究，必然会带来文件这种通用管理方式的革新和提升；另一方面则是指通过研究与扩大文件方式的影响，也能引发人们对其他管理方式（如会议等）的关注和重视，促进这些方式的改进和发展。而所谓集成，则是指在深度发掘各种管理方式的优劣之后，在明确管理要素状态的基础上，实现多种方式的有机组配和合理利用。

3. 能凸显档案管理理论研究的地位和作用

与资源维度的档案管理理论研究一样，归于管理方式的档案管理理论研究不再将视线限定于档案自身的管理，而是着眼于广义的管理活动，这种研究视域的开拓必然带来学科地位的改变。当管理方式问题进入人们的视野、文件方式成为人们关注的对象时，档案管理理论研究的作用和价值自然就得到了凸显，而其他管理类学科在通用管理方式研究上的"短板"与短视，必然反衬出档案管理理论研究的长处与"强势"。因此可以说，这一维度的探讨和研究具有核心竞争力。

二、管理活动中文件方式的优势

（一）在作用的广度与深度上的优势

在一定的机制保证下，采用文件方式的管理主体不必亲临管理现场，而是通过文件进行信息的传达和反馈，以实现对管理活动的远程把握与控制，较易扩增管理的幅度和层级，影响和作用的范围较广，这也是文件方式能为各类管理活动普遍使用的重要原因之一。

（二）在单位成本上的优势

相对于会议和现场直接管理等方式而言，由于文件信息复制和传播的成本较低，同样的作用面和影响范围，所需经费要少得多，而且这种优势随着电子文件的大量使用显得更为突出。当然有人会说，保持文件方式运作体系也是需要经费的，虽然不无道理，但由于文件方式是机构日常工作手段，文件方式运作体系的投入平均到单次文件方式的利用几乎可以忽略不计，或者说文件方式的边际成本很低。

（三）在传承和凭证上的优势

这是由于文件方式一般属于书面语言型管理方式，具有外部存储性，即借助纸张、磁盘等载体，能将管理的内容与目标等给予明确的语义表达和思维传播。一来能保证管理活动不依赖特定管理者的大脑而存在和运作；二来能给今后的类似管理活动提供方式上的借鉴，即保证管理方式的传承性。同时，外部存储性带来的视觉表征具有更大的明确性，具有凭证作用，能避免管理沟通和资源调配的随意改变，保证管理内容和程序的可预期性和可考证性。

（四）在表达与理解上的优势

文件方式的最大优势就是表意准确，这一方面得益于书面语言用词考究，具有相对独立性，构思的时间与信息都比较充分，使管理主体意图表达更为准确可靠，很少产生歧义；另一方面，文件生成时，其规范性结构特征也对内容产生制约和规范，如法规公文用篇、节章、等层级结构来体现各部分内容的等级和地位，增强了表意的效果，降低了理解的难度和偏差。

此外，由于文件方式一般来说归属于正式管理方式，因而还具有后者的全部优点，如稳定性、权威性和可控性等。

第三章 档案管理的主要内容

第一节 档案的收集与整理

一、档案的收集工作

(一) 档案收集工作的内容

档案收集是一种按照党和国家的规定，通过例行的方式和制度接收、征集有关档案和文献的活动，这种活动可以将散落在各机关、组织、个人手中的相关档案统一收集到有关的档案室或档案馆，以便实现对相关档案的科学管理。具体来看，档案收集工作涉及以下三方面的内容：

一是机关单位、事业单位和企业单位的档案室对本单位所要归档的档案的接收。

二是档案馆对辖区内现行的机关单位、事业单位、企业单位和撤销单位的具有长期保存价值的档案的接收。

三是对中华人民共和国成立以前各个历史时期所形成的档案的接收与征集。

在这里要注意的是，档案收集工作并非一项简单的事务性工作，而是一项会受国家政策影响，并且具有很强业务性特征的工作。这主要体现在两方面：一方面，档案室和档案馆在收集档案时要根据国家政策规定，以及档案的特性进行选择；另一方面，档案收集工作受档案形成者的档案意识水平、价值观及档案馆（室）保管条件等多种因素的制约，要综合研究、统筹规划，提高档案收集工作的质量。

(二) 档案收集工作的地位

在整个档案管理工作中，档案收集拥有十分特殊的地位，这一地位主要体现在以下四方面。首先，档案收集工作是档案馆（室）积累档案的一种重要手段，也是档案馆（室）开展档案工作的业务对象和业务起点；其次，档案收集工作是档案馆（室）对档案进行有组织、有目的、有纪律、有规划的管理的一项具体措施；再次，档案收集工作质量的高低情况，会直接影响档案馆（室）其他工作的开展和实施；最后，档案收集工作是档案馆（室）和外界发生联系的重要环节之一，是以国家相关政策为依据，与社会进行广泛接触，且需要工作人员具有较强的业务能力的工作。

（三）档案收集工作的特点

1. 预见性与计划性

作为人类各种社会活动的伴生物，档案的形成具有很强的分散性特点，即档案是散布于社会各个方面的，档案室和档案馆要进行档案收集，只有对其进行认真调查，科学地分析和预测档案形成、使用、管理的规律和特点，这样才有助于从分散的档案中做好收集工作。

同时，档案馆和档案室在进行档案收集时，还必须充分、全面地了解和把握本馆（室）主要档案用户的利用动向、特点和规律，以便结合档案用户的长远需要收集能为他们所用的档案，真正发挥档案收集的作用，这意味着档案馆和档案室要提前做好档案收集工作的计划，以便有计划、主动地开展档案收集工作。

2. 完整性与系统性

档案收集的一个重要要求就是收集到的档案必须在种类、内容方面符合齐全、完整的特点，同类档案之间也应能构成一个有机整体，这就使档案收集工作也表现出完整性和系统性的特点。档案收集的完整性和系统性特点要求档案收集工作人员在收集档案时，必须考虑档案当前及未来在生产、生活中能起到的积极作用，以便真正发挥档案收集信息参考的价值。

3. 针对性与及时性

档案收集工作，必须根据各级各类档案馆（室）的收集档案的范围来进行，不能违反国家规定，擅自收集不属于本馆（室）收集工作范围的档案，以保证收集工作能够有目的、有重点地进行。档案收集工作还具有及时性的特点。它要求档案人员必须具有明确的时间意识，将应当接收或征集的档案及时收集进馆（室）。档案部门应当尽最大的努力，避免拖延迟误，在掌握有关信息线索的前提下，采取相应的方式，尽快将档案收集起来。

二、档案室与档案馆的收集工作

（一）档案室的收集工作

档案室的收集工作包括接收本单位归档的文件和收集未及时归档的平时文件两方面的

内容。其中，文件归档是档案室收集档案的主渠道，平时文件的收集则是一种补充的形式。

1. 文件归档

各单位在工作活动中产生的文件材料办理完毕后，不得由承办部门或个人分散保存，必须由文书部门或业务部门系统整理，定期移交给本单位档案室集中管理，这就是归档。在我国，归档是党和国家明文规定的一项制度，并且以法律的形式固定下来，这就是通常所说的归档制度。归档制度是档案室收集工作的重要内容和最基础的工作，建立健全归档制度能够确保档案室档案来源的连续性，为国家积累档案财富提供重要保证。

（1）归档范围

归档范围是指办理完毕的档案文件应该归档还是不应该归档的范围。决定文件是否应该归档的因素主要是档案文件本身的保存价值。以下几种档案文件都属于归档范围。

①能反映本机关历史发展情况，以及本机关的主要职能活动，并且对本机关的工作具有利用价值的文件材料。

②在机关工作活动中形成的，在维护国家安定、公民权益等方面的凭证性文件材料。收进馆的制度，而是实行相关单位主送制，即对不同种类及不同项目的科技档案，按照国家有关规定，分别确定报送单位，主送单位报送档案中的不足部分由其他有关单位补充移交。

③本机关需要执行的上级机关、同级机关的文件材料，以及下级机关报送的重要文件材料。

④其他对本机关工作具有参考价值的文件材料。不属于归档范围的文件材料，主要包括以下几种：

第一，备份的文件材料，如国家相关机关印发的文件，本单位内凡有备份的，均由主管单位负责归档，其余可不必归档。

第二，一般事务性，且没有保存价值的文件材料。

第三，未经会议讨论，未经领导审阅、签发的文件材料。

第四，未成文的草稿，以及经过多次修改的修改稿。

第五，与本机关、单位业务无关的由主管机关和非隶属机关发来的文件材料。

第六，本机关领导兼任其他机关职务期间形成的文件。

第七，一般人民来信。

第八，法律规定的不得归档的文件材料。

总之，确定归档范围的一般原则是：归档文件必须具有一定的保存价值，必须符合各机关文件材料的实际状况。各机关和单位应根据国家的统一规定和要求，确定本机关归档和不归档文件材料的范围。

（2）归档时间

归档时间是指文书处理部门或业务部门将需要归档的文件材料向档案室移交的时间。

（3）归档文件的质量要求

根据《归档文件整理规则》的规定，应该从下列几个方面检查归档文件的质量。

①归档的文件应齐全、完整，每份文件不缺张少页，并组成保管单位。

②遵循文件的形成规律，保持文件之间的有机联系，区分不同价值，便于保管和利用。

③卷内文件经过系统整理和编目。

④案卷封面填写清楚，案卷标题准确，案卷排列合理，编号无误。

⑤编制了完整的案卷目录和相关的文件。

⑥对已破损的文件应予修整，对字迹模糊或文件载体存在质量隐患的文件应予复制。

⑦归档文件所使用的书写材料、纸张、装订材料等应符合档案保护要求。

⑧在文书档案文件组卷时，一般应将文件按年度分开，不同年度形成的文件一般不可放在一起组卷。但是，跨年度的请示与批复，应放在批复年度立卷，没有批复的，放在请示年立卷。

⑨录音带、录像带、影片、照片等特殊载体的文件，应同纸质文件进行统一整理、编目，但要分别存放，在案卷目录上要注明互见号，以保持文件间的历史联系，便于查找利用。

⑩绝密文件和绝密电报应该单独立卷（少量普通文电如与绝密文电有密切联系，也随同绝密文电一起立卷）。

对于不同保存价值的文件，应当分开组卷，以便日后向档案馆移交，防止拆卷重组问题的产生。

2. 平时文件的收集

平时文件收集是指档案室在执行归档制度之外对零散文件的收集。

（1）"账外"文件的收集

"账外"文件是指未经单位文书部门登记入账，在收、发文登记簿上无"账"可查的文件。"账外"文件主要有：本单位召开的各种会议文件材料；本单位领导人和业务人员外出开会或参观学习考察等活动中获取的文件材料；外单位直接寄发给领导人"亲启"的文件或直接给部门和有关人员的文件材料；本单位内部各种规章制度、统计数字材料等。

（2）专业文件的收集

专业文件是指在各项专业活动中形成的文件和特殊载体的文件材料。档案室在重视对文书档案、科技档案收集的同时，还应重视对各种专业文件的收集；在重视对纸质文件收集的同时，还应健全归档制度，重视对音像等其他载体文件的收集，确保档案室保存的文件门类齐全。

（2）零散文件的收集

零散文件的形成原因主要有两个方面：一是某些单位由于归档制度未建立或归档制度执行不严，致使文件材料分散保存在内部机构、领导人或业务人员手中，特别是未经收发室登记的文件和某些内部文件；二是由于机构调整、人员变动或发生搬迁、灾害等特殊情形，使归档文件不齐全、不完整。

（二）档案馆的收集工作

档案馆作为党和国家的文化事业机构，是集中保管党和国家重要档案的基地，是社会各方面利用档案信息资源的中心。因此，它必须要以拥有丰富、优质的馆藏档案和资料为基础。做好档案的接收与征集工作是档案馆工作中一项非常重要的内容。

1. 档案馆档案接收的范围

按照《档案馆工作通则》和《各级国家档案馆收集档案范围的规定》的文件精神，档案馆接收的范围包括如下几方面：

①本级各机关、团体及其所属单位具有永久保存价值的档案，省辖市（州、盟）和县级档案馆同时接收长期保存的档案。

②属于本馆应接收的撤销机关，团体的档案。

③属于本馆应接收的中华人民共和国成立以前的各种档案。

2. 档案馆档案收集的要求

为保证接收工作的顺利进行，档案馆在接收档案时，一般应符合如下要求。

①档案整理编目规范。档案由有关单位收集齐全，并按规定进行系统整理。

②档案收集完整。进馆档案应按全宗整理，保持全宗的完整性。一个全宗范围内文书档案、科技档案、音像档案和实物等各种门类和载体的档案应作为一个整体，统一移交给一个档案馆。

③档案检索工具齐全。接收立档单位档案的同时，应将其编制的组织沿革、全宗介绍、案卷目录等有关检索工具以及与全宗相关的各种资料一并接收。

④限制利用意见明确。对自形成日期满 30 年仍能对外开放的档案，各有关单位应在

移交时提出明确的控制利用意见。政府信息公开部门应对移交档案中涉及政府信息的，书面告知其原有公开属性。

⑤清点核对手续完备。档案移交时，交接双方必须根据移交目录清点核对无误，并在交接文据上签字盖章，一式两份分别由双方单位保存。

3. 档案馆档案收集的任务

（1）现行机关档案的收集

按照《档案馆工作通则》等文件的规定，现行机关档案中具有长远保管意义的部分，需要定期向档案馆移交。接收现行机关档案室移交的档案，是各级档案馆的经常任务。

在对现行机关档案的接收时间上，档案馆接收现行机关保管期满的档案时，有逐年接收和分段接收两种办法。逐年接收，就是每年对现行机关保管期满的档案接收一次；分段接收，就是要隔一定时期（如3年、5年）对现行机关保管期满的档案接收一次。一般采用后一种办法为宜。

（2）撤销机关档案的收集

撤销机关是指中华人民共和国成立前后，由于政权变更、体制改革、行政区划调整等原因而被撤销合并的机关、团体、企业、事业单位及其他社会组织。档案馆按国家规定接收这类机关、团体、组织的档案，也是档案馆档案收集的重要任务。

（3）二、三级单位形成档案的收集

根据《各级档案馆收集档案范围的规定》的要求，各级人民政府的直属工作部门所属的独立分管某一方面工作或从事某项事业的行政管理机关和企事业单位，以及有代表性的第二、第三级单位形成的档案应向各有关档案馆移交。

4. 档案馆档案收集的方式

一般而言，档案馆对档案的收集方式主要有两种；逐年接收和定期接收。逐年接收即每年接收一次档案，定期接收就是每隔一定时期（如3年、5年）接收一次。

但是，档案馆对科技档案的收集方式有所不同，实行相关单位主送制和科技档案补送制。

（1）相关单位主送制

对于普通文书档案而言，应按要求将其中具有永久和长期保存价值的所有档案都移交进馆。科技档案则不采取这种普遍接收进馆的制度，而是实行相关单位主送制，即对不同种类及不同项目的科技档案，按照国家有关规定，分别确定报送单位，主送单位报送档案中的不足部分由其他有关单位补充移交。

（2）科技档案补送制

建立补送制的目的，是为了及时反映进馆档案所涉及的科技、生产项目的发展、变化情况，保持馆藏科技档案的完整性和准确性。例如，进馆档案所反映的基建项目进行重大改建、扩建，产品改型、换代等，在这些情况下，原移交单位要向档案馆补送相关的科技档案。

三、档案的整理

使档案实体系统化、有序化的整理工作也可称为档案的整序，它主要是通过分类来进行。整序的过程就是对档案实体分分合合，将它们分层次组成全宗群、全宗、系列和案卷（或保管单位）并进行排列的过程。

（一）区分全宗和全宗群

档案整理首先从区分全宗开始，这不仅因为档案信息的有机关联性首先是在全宗这一层次上体现出来的，而且因为全宗是档案馆对档案进行日常科学管理的基本单位。衡量文件的价值以决定是否选择它们进入档案馆的工作，是以全宗为基础进行的；为档案编目、保管、交接档案，也都要按全宗进行。全宗在馆藏建设和对档案实体施行控制的过程中有举足轻重的地位。

全宗是一个国家机构、社会组织或个人在社会活动中形成的具有有机联系的档案整体。一个全宗，反映了一个单位或个人活动的全过程。同时，全宗也是档案馆（室）对档案进行科学管理的基本单位。

1. 确定全宗的构成方式

区分全宗实际上就是将产生于同一活动过程的档案集中在一起，以便使它们与其他各类档案区别开来。科学地确定全宗的构成方式是区分全宗的前提，而全宗的构成方式是指全宗围绕什么样的核心（主体还是客体）形成，因此，确定全宗的构成方式实际上就是在判断全宗范围和界限的基础上，确定全宗是围绕什么中心形成的。

然而，任何人类活动都是主体、客体之间相互作用的复杂过程，站在不同的角度，按不同的标准观察分析，对活动过程和文件据以形成的核心就必然会有不同的理解，得出不同的结论。机关档案室档案之所以应构成主体全宗，就是因为站在现行机关的立场上，必然把由本机关进行的全部活动看作以本机关主体为中心进行的完整活动过程。但是如果站在更宏观的角度，即站在档案馆的立场上，从全社会的范围观察分析，对此又可能会有不同的认识，而且不同类型的档案馆的服务目标和担负的任务不同，所体现的社会需求和用户整体利益也不同。站在它们各自不同的立场上，分析形成全宗的人类活动过程和全宗本身的构成方式，其结论必然不尽一致。

具体来看，立档单位不是固定不变的，由于社会的发展、事业的进步，常常引起一些机关的增设、撤销或合并，这些发展变化常常给全宗的划分带来一些新的问题，须要在实践中认真对待。这就要求在具体划分时应该研究立档单位的各种变化情况，辨别哪些变化是根本性的，应当产生新的立档单位和全宗；哪些变化是非根本性的，不应成立新的立档单位和全宗。

（1）政权更迭及跨政权立档单位的区分全宗

不同政权中的政府性质立档单位，虽然职能相近或相同，但因所属政权的差异，名称会有一定的差别，因此决不能将跨政权的同一职能的立档单位视为一个单位，因此，它们的档案也不应构成同一个全宗。不同政权中的非政府性质的立档单位，如学校、宗教组织、社团、政党等，它们的档案可以构成一个全宗，但在具体的管理中应将他们按照所属政权的时间分为不同部分。不同政权中存在的具有较强政治色彩、对政权依附性较大的立档单位，如军事院校等，由于政权更迭中一般会进行重大的改造，因此其档案也应像政府性质的立档单位一样，构成不同的全宗。至于个人全宗，不管其立档单位或个人是否跨政权存在，也不管他们的政治倾向、职业等是否会发生重大变化，其档案都应构成一个全宗。

（2）临时性机构档案的区分全宗

各种临时性机构形成的档案，一般不设立新全宗。因为临时性机构的业务往往属于某机关或若干机关业务范围内，存在的时间不会很长，形成档案的数量不多。个别的临时性机构，独立性较强、存在时间较长，其档案也可以考虑成立新的全宗。

（3）立档单位变化所导致的区分全宗

在立档单位的政治性质无根本变化的情况下，主要是分析基本职能是否有根本变化。

①新建。

新建立的机关、企业、事业单位，它们的档案可以构成一个全宗。例如，2017年银川市成立了辖区综合执法（监督）局这个新的单位，负责本市综合执法，此后，银川市辖区综合执法（监督）局的档案便可以构成一个新的全宗。

②独立。

某一个单位原属一个立档单位，但后来这个单位被分离出去，负责原立档单位的部分职能。从它独立之后，它所形成的档案就可以构成一个新的全宗。

③合并。

由两个或两个以上的撤销单位构成一个新的单位，这个新的单位一般与其原单位虽然前后存在一定联系，但在职能上却有明显差异，它们所形成的档案也应构成一个新的全宗。例如，我国在机构调整时，将中央粮食部和全国供销合作总社撤销，将它们合并到中央商务部，这样原中央粮食部、全国供销合作总社与中央商业部的档案应分别构成全宗。

④分开。

当一个机关、单位被分割为两个以上的单位，原来的机关、单位在分割之前应构成一个全宗。分割后形成的新机关、新单位分别构成不同的全宗。例如，原北京市电子仪表工业局，在我国机构调整时撤销，分别成立电子工业总公司、仪表工业总公司、光学工业总公司，这些新成立的单位所形成的档案，应分别构成新的全宗。

⑤合署。

当两个单位合署办公，但其文件又是分开处理时，它们所形成的档案，应分别构成全宗。例如，某市的纪委和监察局合署办公，但它们的文件又是分别处理的，它们所形成的文件也应构成不同的全宗。

⑥从属。

当某一个立档单位由于工作的需要，后来变为某一个机关内部的组织机构时，改变之前形成的档案为一个全宗，改变后形成的档案为另一个全宗的一部分。例如，国家高等教育部（高教部）原为一个立档单位，后来变为教育部的内部机构——高教司。改变前为高教部全宗，改变后为教育部全宗的一部分。

（4）组织全宗与个人全宗档案的区分

个人全宗与组织全宗中的档案在有些情况下会出现交叉现象，也就是说，某些档案既有一定的个人属性，又体现出自组织属性，如某个单位领导以个人名义发表的文件。对于这种情况，一般采用以下的处置方式：凡是以组织的名义制发的文件都应归入组织全宗，个人全宗如果有必要，可以保留副本；组织全宗中不保存个人性质的文件，如个人自传、对个人情况的调查文件等；决不允许将具有组织与个人双重性质的档案文件抽出归入个人全宗中。

2. 全宗群及其划分

联系密切的若干全宗的群体，称为全宗群。在我国，全宗的组织常常通过组建"全宗群"来体现和维系全宗之间的联系。各个立档单位的工作活动不是孤立的，而是互有联系的，因此，一定的全宗之间也就有了必然的历史联系，这种具有时间、地区、性质等共同特征的，有密切联系的若干全宗的组合体，称为"全宗群"。具体说，全宗群是指同一时期或地区，在纵向或横向方面具有相同性质的立档单位形成的若干个全宗构成的一个有机群体。组织全宗群的目的在于维护同一类型或专业系统的若干个全宗的不可分散性和保持文件材料在更大范围内的历史联系，便于管理和开发利用。

为了便于保管和利用，应该把互有联系的全宗组织到一起，维护一定类型全宗的不可分散性。全宗群首先按照档案形成的不同时期分为两大部分，如中华人民共和国成立前的档案（革命历史档案、旧政权档案）和中华人民共和国成立后现行机关的档案，然后每一部分再按立档单位的类型和特点，对全宗进行细分。比如，按照立档单位的性质，把档案分成工业交通系统，农林水利系统，财政、金融、商业贸易系统，科学、文化、教育、卫生系统等；或者按区域分类，分别组成全宗群。全宗群分类一般应和档案的分库保管相一致，一个或几个性质相近的全宗群应集中保存在相同的档案库房内。

全宗群不是具体对档案进行整理和统计的一个固定的实体单位，而是在档案管理中起指导和组织作用的一种形式和方法。

3. 全宗的编号

各个档案馆都保存有一定数量的全宗，为了便于各项工作的开展，除了要对全宗进行一定的组织外，还应给每个全宗编一个代号，称为全宗号。

全宗号是档号的组成部分，在档案数量、全宗数量增加及检索工作发展的情况下，全宗号对档案系统化整理、编目、检索有十分重要的作用。

（1）全宗编号规则

第一，对全宗进行编号，要考虑馆藏全宗的特点及管理的方便，根据全宗的类型和数量合理编号。

第二，应为新全宗的编号留有余地，避免因新入馆的全宗打乱整个编号体系。

第三，全宗号应力求简洁、方便实用，不能过于烦琐。

第四，全宗与全宗号之间一一对应，全宗只能有唯一的一个号码，便于统计和检索。全宗号数应能如实反映馆藏全宗数量和档案出处。

第五，已编好的全宗号不得任意更改，应保持其稳定。即使某一全宗的全部档案都已移出，该全宗号亦不得挪作他用，以免发生混乱。

（2）全宗编号方法

对全宗编号的方法有很多且各不相同，归纳起来主要有序时流水编号法和体系分类编号法两类。序时流水编号法是按全宗进馆时间的先后顺序编号。这种编号方法简单实用、比较客观，适合全宗量不大、全宗类型较单一的档案馆采用。体系分类编号法是对全宗先进行一定的分类或分组，再编号。这种编号方法逻辑性、系统性强、层次分明，能反映全宗本身的性质和特点，但编制较复杂，其号码不易分辨和记忆。这种编号方法适合馆藏全宗数量大，全宗的时间、地域跨度大，类型复杂的档案馆采用。这两种全宗编号方法各有优缺点，具体应采用哪种方法来编号，档案馆应依馆藏全宗的状况而定。

全宗的编号与全宗在库房内的实际排列顺序有时一致，有时不一致。在一些规模较大、馆藏数量较多的档案馆，不一致的情况居多。全宗的排列可按全宗号顺序排列，也可按立档单位的历史时期、性质、所属系统、地区及立档单位名称的音序或笔画排列。在我国，通常按全宗群来排列，即把同一时期、同一系统或相同性质的全宗排列在一起，以保持同类全宗之间的联系。一般来说，全宗的排列方法和次序对全宗的编号无决定性影响，当全宗在库房中的排放根据保管需要有所变动时，并不需要改变全宗号。但全宗号作为查找档案出处的一种手段，若与全宗的实际排列顺序相一致，则有利于迅速找到所需档案。

（二）全宗内档案的分类探索

1. 全宗内档案系列的划分

划分系列在全部档案整理程序中是承上启下的环节。它不仅深化了由区分全宗开始的整序过程，而且为立卷及案卷排列等工作奠定了基础。分类必然是一个由总而细，从一般到个别的逻辑过程，如果不先分系列（或者说如果不事先拟定出全宗内的分类方案和分类规则并使文件据以自然地归类），反而先自下而上盲目地将文件组合堆砌成卷，势必造成各卷文件之间的交叉、重叠、混乱，以至于无法检索利用并使编目和统计难以进行。

划分系列包括选择分类方法、制订分类方案和分类文件等具体内容，它是在区分全宗的基础上进行的。两者的区别在于：区分全宗是站在宏观角度，以整个档案馆已经和将要收藏进馆的档案为受控客体，其目标是保证档案反映同一活动过程的完整性；划分系列则是站在微观角度以某一全宗内的全部档案为受控客体，其目标是改善全宗内文件数量多、内容杂又巨细不分，仍不便于检索的现状，使之分别归入相互联系、相互制约、层次分明、结构严谨的类别系列中去，从而有可能系统地提供利用。

2. 全宗内档案的分类情况

（1）全宗内档案的分类原则

全宗内档案分类总的原则是要科学、客观、符合逻辑，能反映档案的形成特点和规律。具体分类原则如下：

①根据全宗的性质和特点，选择适当的分类标准。能够恰如其分地揭示档案间的内在联系，使整个分类系统具有客观性，组成一个有机的整体，系统反映出立档单位的活动面貌。

②类目名称应含义明确，具有系统性，有合理的排列顺序。必要时，对类目所指范围

和归类方法应有说明，以保证分类的一致性。

③分类层次简明，类目不宜过细、过多。一般来说，类目划分到二级至三级，使之能包容一定数量的案卷。另外，划分类别时应留有伸缩余地，以便随实际需要增加或减少类别。

④分类体系的构成应具有逻辑性，遵守逻辑划分规则。一次分类只能使用一个分类标准，子类外延之和正好等于母类外延，子类之间必须界线清晰，不能互相交叉，类目概念应明确。

（2）全宗内档案的分类标准

全宗内档案的分类标准主要有文件的时间、来源、内容、形式四种，每一标准下又有不同的分类方法。

①按文件产生的时间分类

按文件产生的时间对全宗内档案进行分类，可用年度分类形成不同年份的档案，也可按立档单位在发展过程中形成的不同时期（或不同阶段）形成不同档案类别。

②按文件的来源分类

按文件的来源对全宗内档案进行分类，可按立档单位的内部组织机构形成不同机构的档案，也可按文件的作者形成不同类别的档案，还可按与立档单位有较稳定的来往通信关系形成不同的档案类别。

③按文件的内容分类

按文件的内容对全宗内档案进行分类，可按文件内容所说明的问题（事由）分类，也可按文件内容所涉及的实物分类，还可按文件内容所涉及的地理区域分类。

④按文件的形式分类

主要有2种：文件种类（名称）分类法，如帐册、凭证、报表等；文件载体分类法，如影片、照片、录音带等。

（3）全宗内档案分类方案的编制

全宗内档案分类的表现形式是分类方案，它是用文字或图表形式表示一个全宗内档案分类体系的一种文件。当选用了某种联合分类法以后，就应该编制一份分类方案（又称为分类大纲）。分类方案的编制，应该注意以下三点要求：

①排斥性。

分类方案中同级的各类地位相等，内容互相排斥（不能你中有我、我中有你），分类的范围必须明确。比如，按问题分类，所设问题各类地位相等，不能相互包括。第一类中设教育类，同位类就不能再设高等教育、中等教育类，因为教育类包括高等教育、中等教育……只能把它们设为属类。同级中设有人事类，就不能再设干部任免类，同样道理，既然设财务类，也就不能再设经费类。

②统一性。

在编制分类方案时，首先要确定采用何种分类方法。第一级采用哪种方法，第二级采用哪种方法，都应明确规定、标示清楚。而在同一级分类中，不能同时并列采用两种以上分类标准。比如，第一级分类是采用年度分类，就不能同时并列组织机构或问题名称。如果是采取两种分类法的联合，那么不仅分类的第一级是统一的，第二级也应该是统一的。比如采用年度-组织机构分类法，第一级分类是年度，第二级分类是组织机构。

③伸缩性。

档案是社会实践活动的产物，而社会实践活动是丰富多彩的。工作内容时而增加、时而减少，组织机构时而撤销、时而合并，因此，分类方案中的各类，均应留有伸缩的余地来增加或减少类别，以适应客观变化的需要。

为了使分类方案编制科学、实用，在编制分类方案前还应该做好调查研究工作，要查阅有关材料，了解立档单位的业务执掌。对立档单位的组织章程、办事细则、工作计划与总结都要认真分析研究，从中了解和掌握立档单位的工作性质、职权范围、业务执掌，以便决定采取合适的分类方法；参考本单位原有档案，如果本机关已有旧卷，应该对原有档案分类基础做周密研究并吸取其合理部分，以补充与修正现有档案的分类方案；还应多方征求意见，经机关负责人批准施行。科学而实用分类方案的形成，必须及时征求文书与业务承办人员的意见，集思广益，防止闭门造车。因为他们对文件的内容与成分比较熟悉，尤其是经办人员对事件、问题的处理过程，有更彻底的了解。分类方案实施以后，往往发生文件与分类方案不尽相符的情况，造成分类困难，应该随时交换意见，对分类项目或增或减，清除障碍，交领导人审核批准。

（三）立卷和案卷排列

1. 立卷

全宗内档案分类并不以划分系列为其终结点。一个系列内众多的文件决定了必须进一步在其中分类，才能便捷地检索利用某一份文件。这种分类往往是通过立卷实现的。

档案不同于图书，单份文件是零散的、大量的，一般不宜作为独立的保管单位，而且，文件之间常有密切的联系，若将有联系的文件随意分开，将会失去其原有价值。所以，人们在整理档案时，将若干互有联系的文件组合成一个有机整体，称"案卷"，将文件编立成案卷的过程称"立卷"或"组卷"。

案卷是密切联系的若干文件的组合体，它是档案基本的保管单位。通常也是统计档案数量和进行检索的基本单位之一。案卷是组成全宗的基本单位。立卷是档案整理工作的重要基础，立卷工作的好坏、案卷质量如何，是衡量档案整理工作水平的重要标志。

立卷工作的内容包括组成案卷单位、拟写案卷标题、卷内文件的排列与编号、填写卷内文件目录与备考表、案卷封面的编目与案卷的装订等工作内容。目前，我国文书档案基本的立卷方法是"六个特征立卷法"，即根据文件在问题、作者、时间、名称、地区和通信者特征六个方面的共同点将文件组合成案卷的方法。比如，把同一个作者的文件组成一卷；把同一个会议的文件组成一卷等。按照文件的六个特征立卷时，一般不单一地采用某个特征组成案卷，而是综合分析文件之间的关系，选择其中最能说明客观情况的几个特征作为组卷的依据。

此外，在实际工作中还有一些其他的立卷方法，如将文件按照"事"或"件"组卷的"立小卷法"及"四分四注意立卷法"等，都具有各自的特点，也是比较适用的立卷方法。

2. 编制卷内文件目录

卷内文件目录是固定立卷成果、揭示卷内文件内容、检索卷内文件的工具，应放在卷文件之首。从性质上分析，编制卷内目录属智能控制范畴。如果用计算机编目，应该先对每份卷内文件进行著录，然后将著录结果按档号排序，以卷为单位打印成书本式目录，即成卷内目录。在手工条件下，这道工序可暂时按传统习惯，包括在立卷过程中，即在案卷编好页码后，于专门印制的表格上，按照排就的顺序，对每份文件逐项著录。其著录项目，按目前的习惯做法是：文件责任者、文件题名（或内容摘要）、文件字号、文件日期、文件份数、文件在卷内的页码、备注等。

3. 案卷排列与编号

全宗内档案（或档案馆、档案室接收的案卷），经分类、立卷以后还必须进行系统的排列。全宗内各类的序列，已在分类方案中排定，所以通常所说的案卷排列，就是根据一定的方法，确定每类内案卷的前后次序和排放的位置，保持案卷与案卷之间的联系。案卷的排列方法有以下六种：

一是按照案卷所反映的工作上的联系来排列。

二是按照案卷内容所反映的问题来排列。

三是按照案卷的起止日期（时间）来排列。

四是按照案卷的重要程度排列。

五是按照文件的作者、收发文机关及文件内容所涉及的地区排列。

六是人事档案或监察、信访等按人头立成的案卷，可以按姓氏笔画、汉语拼音字母顺序或四角号码等方法排列。

上述几种排列方法可以单独使用，也可以结合使用。对于不同类型、不同保管期限的档案，在案卷排列中应予以区分。

案卷排列完后应按排列次序编上案卷号，固定案卷的排放位置，案卷号作为档号的组成部分可提供案卷的出处。现行单位大多采取一个组织机构的案卷每年编一个顺序号的办法，或整个单位一个年度的全部案卷编一个顺序号。历史档案、撤销单位的档案不再形成新的档案，可把一个全宗内所有的案卷统一编号。

（四）编制档号

档号是档案馆（室）在整理和管理档案过程中，以字符形式赋予档案的代码。档号通常包括全宗号、案卷目录号、案卷号、件号、页号。档号主要是表示类别及其相互关系的一组符号。在档案的整理、统计、检索、提供利用及库房日常管理等业务活动中都要运用和借助档号。这几种编号，不仅对档案的管理和提供利用有着现实的、制约的作用，而且对档案工作的规范化和现代化也是不可忽视的一个方面。

具体来看，全宗号一般用四个符号标志，其中第一个符号用汉语拼音字母标志全宗档案门类，另三位代码用阿拉伯数字标志某一门类全宗顺序号。全宗号一经编订，就不要轻易变动，档案馆内的全宗号应该是固定不变的，即使某一个全宗全部移交出去了，该全宗号在档案馆内仍然保留着。全宗号有三种编法：一是按系统编号，如党群、政法、工交、农林、财贸、文教、科技等；二是按立档单位的重要程度编号；三是按进馆档案的先后顺序编号。实践证明，前两种方法对同时进馆的全宗是适用的，但是有新的全宗进馆，就会被打乱或冲破。第三种方法简便易行、比较实用。

案卷目录号一般采用流水顺序编号法，必要时可在顺序号前加上表示档案保管期限、载体形态等特征的代字。

案卷号是管理档案中最常用的基本代号，是著录案卷目录内每一案卷的流水编号，因此确定案卷号要确定卷内每个案卷的前后次序和排列位置。

件号或页号是文件立卷以后，进行卷内文件的排列，给每份文件以固定的位置，用数字固定文件前后次序的代号。案卷不装订成册时应编制件号，其间不许有空号。

第二节　档案的鉴定与保管

在档案管理中，档案鉴定与保管是两项十分重要的内容。做好档案鉴定工作，可以优化档案质量，以便于安全保管和有效利用；做好档案保管工作，可以有效维护档案的完整与安全，尽量避免和减少因自然因素和人为因素给档案带来的损害，延长档案的寿命，为档案工作奠定物质基础。

一、档案鉴定工作的内涵

（一）档案鉴定工作的含义与意义

档案鉴定工作包括档案的价值鉴定和档案的真伪鉴定两方面的内容，而目前档案界所称的档案鉴定主要是指档案的价值鉴定，即"各个档案机构按照一定的原则、标准和方法来鉴别和判定档案的价值，确定档案的保管期限，并据此销毁失去保存价值的档案的工作"。

在档案管理中，开展档案鉴定工作有着十分重要的意义，具体表现在以下三方面：

1. 便于明确档案是否须要进行保管及保管的年限

档案鉴定工作是十分严肃的，一方面，对档案进行鉴定有比较大的难度，要持续地对文件的保存价值进行甄别，并对文件的保管期限及所属案卷进行划定，实际上是对某一特定文件在未来是否具有重要的作用进行预测。但是，这种预测要想做到完全准确是极为困难的，可档案鉴定工作又要求这种预测尽可能准确。因此，档案鉴定工作者必须具备较为完善的有关档案鉴定的专门知识，并要具有较高的档案鉴定能力。这样一来，他们就能够借助档案利用反馈信息，对各种文件今后可能发挥的作用，做出尽可能准确的估计，从而确定存毁和保管的年限。因此，档案鉴定工作是决定文件存在和销毁的工作，这是它与其他管理环节不同的一个重要方面。另一方面，由于档案是不同的组织和人物在特定的历史活动中形成的原始记录，所以档案馆（室）所保存的档案，大多数是不重复的，这是档案部门与图书、情报、资料单位的区别之一。如果对文件的价值判定不准确，错误地销毁了有用的档案，将会造成难以弥补的损失。在整个档案工作中，档案鉴定工作以其难度较大和严肃性较强而显得十分突出，因此，开展这项工作必须十分慎重和认真。

2. 便于应对突然事变

突然事变主要是指水灾、火灾、地震、战争等天灾人祸。如果不开展鉴定工作，致使有保存价值的和无保存价值的，以及保存价值大的和保存价值小的档案混杂在一起，一旦发生突然事变，不易及时抢救重要的珍贵档案，甚至"玉石俱毁"。通过鉴别档案的价值，则可分清"玉""石"，区别主次，有利于在必要时有重点地保护和抢救档案，力求它们的完整和安全，并尽可能地减少档案的损失。

3. 便于查找利用有价值的档案

对档案进行保存，一个重要的目的就是便于对档案进行利用。若是不论档案是否具有价值都存放在一起，则人们查找需要的档案（有价值的档案）会变得十分困难。因此，很有必要开展档案鉴定工作，对有价值的档案进行保存，这样人们在查找档案时会较为容易。

（二）档案鉴定工作的内容

通常而言，档案鉴定工作要包括以下三方面的内容：

第一，制定鉴定档案价值的统一标准及各种类型的档案保管期限表。

第二，具体分析档案的价值，划分和确定不同保存价值的档案的保管期限。

第三，挑出无保存价值的文件或档案予以销毁或做相应的处理。

（三）档案鉴定工作的原则

在开展档案鉴定工作时，需要遵循一定的原则，具体来说有以下六个：

1. 利益性原则

档案作为一种历史文化财富，是属于整个国家和人民的，档案的存在与作用发挥关系到国家各方面的利益。因此，在开展档案鉴定工作时，必须遵循利益性原则，即要站在国家和人民整体利益的角度对档案的价值进行衡量，绝不能以个人的好恶和小团体的利益为准则来衡量档案的价值。

2. 全面性原则

档案鉴定工作的全面性原则，具体表现在以下三方面：

（1）要综合档案的各个方面对档案的价值进行判定

实际工作中形成的文件，其构成要素不尽相同，大量文件是因其内容重要而具有较高价值的，而在分析档案价值时通常应结合文件的来源、形成时间等因素才能获得比较正确的认识。同时，有的文件或因时间久远，或因载体特殊，或因有名人手迹等因素而价值增高，因此，在分析档案价值时只有全面兼顾文件的内外特征，才能准确判定档案的价值。

（2）要全面把握被鉴定档案与其他档案之间的关系

各个单位、各项工作中形成的文件之间具有密切的联系，因此，在鉴定档案时，不要孤立地判断单份文件的价值，而应将有关的文件材料联系起来分析，然后再做出判断。只有这样，才能准确理解档案的内容和用途，从而对其价值做出正确的判断。

（3）要对档案的社会需要进行全面预测

档案能够满足社会的多种需要，而社会对档案的需要也是多角度、多方面的。也就是说，某一档案对某一单位来说有利用价值，但对其他单位来说则没有利用的需要；对某一方面意义不大的档案，可能对其他方面具有重要的查考利用价值等。这就决定了档案鉴定工作要综合考虑社会多方面的需要，切忌只根据某个方面的需求来判定其价值。

3. 历史性原则

档案是人类从事实践活动的产物，其形成总是依托一定的历史环境。也就是说，档案的内容、形式与其形成的历史条件有着密切的联系。因此，在对档案的价值进行鉴定时，要将档案放到它所形成的历史环境中进行分析，并结合当前和将来的利用需要来考虑其保存价值。

4. 发展性原则

社会对档案的利用需求是动态变化的，而且档案的价值本身具有一定的时效性。因此，在对档案的价值进行鉴定时，要有发展的眼光，既要看到其现实作用，又要看到其长远作用，继而对档案的价值进行科学预测。

5. 效益性原则

这一原则指的是在对档案的价值进行鉴定时，要考虑到收益与付出之比。只有当档案发挥的作用超过因保存档案所付出的代价时，才能判定其具有保存价值。

6. 规范性原则

这一原则要求机构、组织开展档案价值鉴定工作时，应自觉遵从国家法律、法规、行政规章、地方规章及地方法规的有关规定进行。机构、组织及各级各类档案管理部门开展档案价值鉴定工作，应依据《档案法》、《档案法实施办法》、《机关文件材料归档范围和文书档案保管期限规定》（国家档案局第 8 号令）、《企业文件材料归档范围和档案保管期限规定》（国家档案局第 10 号令），各专业主管部门制定的相关实施细则、部门规章，地方人大和人民政府制定的行政规章、行政法规等规范性文件中的有关规定执行，并注意遵循"法无规定即禁止"的原则要求。

（四）档案鉴定工作的标准

档案的价值具有客观性，而人们在对档案的价值进行鉴定时，却有着很强的主观性。因此，为保证档案鉴定工作的科学性、客观性和准确性，必须制定档案鉴定工作的标准。具体而言，档案鉴定工作的标准应该包括以下四方面：

1. 档案的来源标准

档案的来源是指档案的形成者，档案形成者在社会上及机关的地位、作用和职能可以影响甚至决定档案的价值。根据来源标准对档案的价值进行鉴定时，应特别注意以下三方面：

第一，要注意区分不同的作者。一般情况下，应注意主要保存本单位制成的文件。对于外来文件，则应具体分析来文单位与本单位的关系，以及来文内容与本单位职能活动的关系。通常情况下，有隶属关系机关的来文比非隶属机关的来文值得引起重视；针对本机关主管业务的、须要贯彻执行的文件比非本机关主管业务、参考性文件价值要高。

第二，要分析本单位制成的文件的作者的职能。在本单位制成的文件中，单位领导人、决策机构、综合性办公机构、主要业务职能机构、人事机构、外事机构制发的文件能够比较直接地反映本单位的主要职能活动和基本情况，因而具有长久保存价值文件的比例比较高；而一般行政事务性机构、后勤机构及某些辅助性机构所制发的文件中具有长久保存价值的比例则比较低。

第三，要分析档案馆接收对象的地位和作用。档案形成者的地位、作用和职能情况是各级各类档案馆确定档案收集范围的基本依据。一般来说，一个地区党政机关的档案，在本地区影响较大的、具有典型性和代表性的单位的档案，以及著名人物的档案等价值较高，长久保存的比例较大；而基层单位形成的档案、普通人士形成的档案，其价值则较低，长久保存的比例较小。

2. 档案的职能标准

在对档案的价值进行鉴定时，依据其职能标准就是依据立档单位在整个政府系统中所具有的地位及其重要性。也就是说，最高级别的机关所形成的档案相比一般机关所形成的档案来说，会具有更大的价值。同时，立档单位的级别与地位不同，其所形成的档案的保管期限也会有一定的差异，通常是级别越高所保存的永久档案越多。此外，机关档案部门在保存档案时，要尽可能确保其能够对本机关的存在、发展及历史作用进行证明，能够对本机关的职能起到凭证或评价的作用。也就是说，机关档案部门所保存的档案要能够充分反映本机关的发展演变及其职能演进。

3. 档案的内容标准

档案的内容指的是档案所记载的事实、现象、数据、思想、经验、结论等，其最能体现档案的价值。在依据内容对档案的价值进行判定时，除了要分析档案内容的真实性、完备性外，还要注意分析以下三方面：

第一，分析档案内容的重要性。档案是对既有事实的记载，而这些事实本身的重要程度直接影响档案的价值。一般说来，反映方针政策、重大事件、主要业务活动的文件比反映一般性事务活动的文件重要；反映全面情况的文件比反映局部情况的文件重要；反映本单位主要职能活动、中心工作和基本情况的文件比反映非主要职能活动、日常工作和一般情况的文件重要；反映典型性问题的文件比反映一般性问题的文件重要。在工作、生产、科学研究、维护权益及总结经验方面具有凭证、查考作用的档案，多具有较高的价值。

第二，分析档案内容的独特性，即分析档案是否具有独特的、新颖的内容。事实证明，越具有独特且新颖的内容的档案，其对利用者的吸引力就越大，价值自然也越大。此外，档案内容的独特性要求档案馆（室）在保存档案时，要最大限度地减少馆藏档案的重复现象，必须控制普发和多发文件进馆。

第三，分析档案内容的时效性。档案作为处理事务、记录事实、传递信息的手段，在行政上、业务上等都具有时效性。档案的时效性也对档案的价值产生直接影响，在鉴定档案价值时，应该通过分析文件内容的时效性及其变化情况来判定文件价值。

4. 档案的形式标准

档案的价值在某些情况下与其自身形式具有一定的关系，因此，档案的形式也是对其价值进行鉴定的一个重要依据。这里所说的档案的形式，主要包括以下四方面的内容：

第一，文件的名称既影响着文件的作用，也对文件的价值产生一定的影响。通常而言，能够对重要的方针政策、重大事件等进行反映，具有较高权威性的文件的价值较大，如命令、决定、纪要、条例等；而用于对一般事务进行处理的文件的价值相对来说比较小，如简报、通知、来往函件等。

第二，文件的形成时间对档案的价值也有一定的影响。年代越久远的档案，其价值就越大。这是因为，档案产生的时间越早，保留下来的就越少。此外，在国家或机关重要历史时期形成的文件具有特殊的保存价值。

第三，文件的稿本，即文件是草稿还是定稿、文件是正本还是复印本等。文件的稿本不同，其保存价值也会有一定的差异。比如，草稿、修正稿都不是定稿，从法律上来说并不具备效力，因而通常没有保存的必要。但是，在某些情况下，如国家重要领导人直接对草稿、修正稿进行了修改与批示，则这样的草稿、修正稿要进行保存。

第四，文件的外观类型，即文件制成材料、记录方式、笔迹、图案等，它们的特殊性在一定程度上也影响档案的价值。比如，有些文件因载体材料的独特、古老、珍稀而具有文物价值；有些文件因出自书法家之手或装帧华美而具有艺术价值等。因此，在鉴定档案时，对外观类型独特的文件要通过具体分析其特殊意义才能判定价值。

（五）档案鉴定工作的程序

在开展档案鉴定工作时，通常应遵循下面的程序：

1. 文件归档鉴定

这是各单位对处理完毕的文件所进行的划定归档范围的工作。归档鉴定所依据的原则是国家档案局发布的《机关文件材料归档范围和文书档案保管期限规定》的内容。各个单位也可以根据国家的规定确定本单位的归档范围。这项工作通常由单位的文书人员或秘书人员承担。

2. 划定文件的保管期限

由于各种因素的影响，同属于一个归档范围的文件通常具有不同的保管期限，为此，在确定归档范围后还要对文件划定具体的保管期限。这项工作也应由单位的文书人员或秘书人员承担。

3. 档案价值复审

除了永久保存的档案外，其他定期保存的文件在保管期满之后，要对其价值进行复审，以确定是继续保存还是予以淘汰。档案价值复审主要采取两种形式：一是到期复审，即对于短期或长期保管的档案，在保管期满后重新审查其是否确实丧失了保存价值，对保管期满档案的复审周期可以逐年进行，也可以若干年度进行一次；二是移交复审，即档案室向档案馆移交档案时，档案室人员和档案馆接收人员共同对所移交的档案的保管期限进行的审查工作。

4. 销毁无价值档案

对于经归档鉴定和价值复审确认为没有保存价值的档案，应按照规定的手续和方法予以销毁。这项工作通常由档案部门承担。

二、档案保管工作的内涵

（一）档案保管工作的含义与意义

档案保管工作是指在档案入库后所进行的存放、日常维护和安全防护等管理工作。开展档案保管工作，目的是维护档案的完整，并尽可能保护档案不受损害。

在档案管理中，开展档案保管工作有着十分重要的意义，具体表现在两个方面。一方面，档案保管工作有助于对真实的历史进行反映。档案中所记录的是真实的历史，只有将这些档案原件保管好，使这些档案的内容永久保存，才能够对历史的原貌进行真实反映，也能够方便党和国家在未来开展工作时对这些档案进行有效利用。另一方面，档案的寿命与档案保管工作具有密切的关系，当保管工作适宜且得当时，档案的寿命会相对延长，反之则会缩短档案的寿命。因此，必须有效地开展档案保管工作。

（二）档案保管工作的任务

档案保管工作的任务，具体来说有以下四个。

1. 防止档案的损坏

档案保管工作的基本原则就是"以防为主，防治结合"。防是档案保管工作中的根本问题，要防止人为地破坏档案、防止各种不利因素损毁档案，特别是对重要档案、核心档案，要注意重点保护，立足于防，最大限度地消除各种不利因素的影响。

2. 延长档案的寿命

要从保管工作制度、办法及技术处理措施上，提出保护档案的具体要求，延长档案的寿命，以适应档案长期保存的需要，从而有利于档案的长远利用。

3. 维护档案的安全

档案的安全主要涉及两方面的内容：一方面是档案实体的物质安全；另一方面是档案内容特别是机密内容的政治安全。因此，在开展档案保管工作时，必须积极采取有效措施来维护档案的安全。

4. 建立和维护档案的存放秩序

为了使档案入库、移出、存放井然有序，能够迅速地查找档案，并随时掌握档案实体的状况，档案室（馆）要根据档案的来源、载体等特点，建立一套档案入库存放的规则和管理办法，使档案不管是在存放位置上还是被调阅移动都能够处于一种受控的状态。

（三）档案保管工作的内容

基于档案保管工作的任务，档案保管工作要包括以下五方面的内容。

1. 正确认识和全面把握档案的安全现状和破坏档案的各种因素

档案的安全现状和破坏档案的各种因素直接影响着档案保管工作的内容。首先，正确认识档案的安全现状包括了解馆（室）藏档案进馆（室）前后的保管措施、保管过程、有无损坏、损坏程度如何等，便于确定今后的工作目标和工作内容；其次，破坏档案的因素多种多样，表现形式不一，对档案损坏的过程和损坏程度不同，只有全面把握威胁档案安全的各种因素的特点、表现形式，工作才能有的放矢，有针对性地将各种因素对档案的破坏降至最小。可见，正确认识和全面把握档案的安全现状和破坏档案的各种因素，是对工作对象和工作先天影响因素的深入剖析，回答了"管什么""为什么管"的问题，是档案保管工作有效开展的前提。

2. 提供档案保管的基本物质条件

档案安全、妥善的保管，离不开基本的物质条件。基本物质条件的好坏，直接影响档案的寿命。良好的物质条件保证，有利于档案的长久保存；反之，恶劣的物质条件，直接危害着档案的安全。

确保档案妥善保管的基本物质条件包括档案库房、档案装具、档案保管的设备、档案包装材料等，这些条件要满足有利于档案长久保存的原则、规范和标准。不同载体的档案，如纸质档案、胶片档案、磁性载体档案、光盘档案、电子文件等材料和形成原理不同，影响其耐久性的因素也不同。因此，在保管中档案库房、装具、设备等基本保管条件也存在较大的差异，尤其对于电子文件，如何在保管中确保其长期可读、可用，已成为档案保管工作的新内容。

3. 制定和完善档案保管的各项制度和标准

制定关于档案保管工作的制度，有利于档案工作者和档案利用者规范自己的行为，明确在档案保管和利用过程中应该做什么、如何做，有何责任和义务，避免人为原因造成对档案的损害，最大限度地保护档案。

档案保管工作标准有利于工作的规范化，有助于降低工作成本，减少工作中因人而异产生的对档案保管的变化，有利于为档案保管创造最佳的条件和环境。在档案保管工作中，从国家层面，到地方各级各类档案馆（室）应形成完整的档案保管工作制度和标准体系，以实现档案保管工作的标准化和规范化，维护档案的完整与安全。

4. 做好日常的档案保管工作

日常档案保管工作从内容方面看，包括防盗、防水、防火、防潮、防尘、防鼠、防虫、防高温、防强光、防泄密等；从工作地点来看，包括档案库房中的保管和档案库房外的保管，在库房外的保管又可分为在流通传递中的保管和在利用中的保管。在库房中的保管，主要由档案工作人员来完成，而在库房外的保管，则需要档案工作人员和档案利用者共同实现，因此，使利用者同样以"爱惜"的态度，科学合理地利用档案也是日常档案保管工作的重要内容。日常档案保管工作繁杂琐碎，但又是档案保管的基础性工作，因此，需要档案工作人员精益求精、细心、耐心地来完成。

5. 开展有针对性的档案保护工作

采用专门的技术和方法对受损程度较大、有重要价值的或其他亟需修复的档案进行保护，延长档案的寿命，这是档案保管工作的一项重要内容。

对档案产生破坏的种种因素中，虽然有些因素我们是难以控制的，但我们可以采取相应的保护措施，利用先进的技术，将损失降到最低。比如，通过纸质档案修裱技术能帮助一定程度破损的档案恢复原貌，已成为抢救档案的一项不可缺少的且具有中国特色的专门技术。这些专门的保护措施专业性较强、技术性较强，且细微细致，需要专门的人才，需要大量的财力、物力的保障，但它在延长档案寿命、保护人类文化历史遗产等方面发挥着重要的作用。因此，每个档案馆（室）在做好日常保管工作的同时，应根据馆藏状况，将有针对性地开展档案保护工作纳入档案保管工作的整体规划。

（四）档案保管工作的要求

档案保管工作的要求，具体而言有以下四个。

1. 注重日常管理工作

在开展档案保管工作时，要做好档案库房管理的日常管理工作，包括归档和接收的案卷及时入库；调阅完毕的案卷及时复位；定期进行案卷的清点和检查，发现问题及时处理。

2. 重点与一般兼顾

档案的保管期限与其自身的价值有密切的关系，因此，在开展档案保管工作时要遵循重点与一般兼顾的要求，对于单位的核心档案、重要立档单位的档案、需要长久保存的档案，应该加以重点保护，尽量延长档案的寿命。同时，对于一般性、短期保存的档案也要提供符合要求的保管条件，确保其在保管期限内的安全和便于利用。

3. 预防为主，防治结合

在档案保管工作中，保护档案实体安全的方法概括起来主要有两类：一是如何预防档案实体损坏的方法；二是当环境不适宜档案保管要求时或当档案实体受到损坏后如何处置的方法。在归档或接收的档案中，实体处于"健康"状态的档案占绝大多数。因此，在档案保管工作中，积极"预防"档案受到各种不良因素的破坏是主动治本的方法。我们应该采取各种措施，确保这些档案的长期安全。同时，还应该通过加强日常管理和检查，及时发现档案实体出现的"病变"情况，便于迅速地采取各种治理措施，阻断或消除破坏档案的有害因素，修复被损害的档案，使其"恢复健康"。预防为主，防治结合，才能全面保证档案实体的安全。

4. 立足长远，保证当前

对档案进行保管，最为重要的一个目的便是方便党、国家及相关单位对其进行利用。因此，在对档案进行保护时，必须充分考虑到档案的利用特别是未来问题，不可只关注眼前方便利用而危害未来的长远利用。也就是说，在进行档案保管时，必须遵循"立足长远，保证当前"的要求，以切实处理好档案的当前利用与长远利用的矛盾。

（五）档案保管工作的物质条件

档案保管工作的有效开展，必须以一定的物质条件为支撑。档案保管工作的物质条件即档案保管所需的一切物质装备，具体包括以下五方面的内容：

1. 档案库房

档案库房建筑是档案保管最基本的物质条件，是档案保管中长期起作用的因素，其质量直接影响档案保管中各项设备的采用与效果。为此，国家档案局制定了《档案馆建筑设计规范》，作为档案管理机构建设档案库房的标准。

在实际工作中，因受职能、规模、财力等因素的限制，各档案室（馆）在库房建筑配置上不可能完全一致，因此，应该分情况解决。档案馆应该按照《档案馆建筑设计规范》的要求建造档案库房；档案室在档案库房的选址或建造上也应该尽量向《档案馆建筑设计规范》的要求靠拢。在无法达到其要求的情况下，也必须满足以下五方面的要求：

第一，档案库房要有足够的面积，开间大小要合适。

第二，库房必须专用，不能与办公室合用，也不能同时存放其他用品。

第三，档案库房必须是坚固的正规建筑物，临时性建筑不能作为档案库房。

第四，档案库房应该远离火源、水源和污染源，符合防火、防水、防潮、防光、防尘、隔热等基本要求。因此，全木质结构的房屋和一般的地下室均不宜做档案库房使用。

第五，档案库房的门窗应具有良好的封闭性。

2. 档案包装材料

档案的包装是非常重要的，它既可以有效地防止光线、灰尘、有害气体对档案的直接危害，也可以减少管理过程中对档案的磨损。现在通用的国家标准的档案包装形式有三种。一是卷皮，它是包装文件的基本方式，分为软卷皮和硬卷皮两种。卷皮不仅是为了保护文件，同时它本身也是案卷的封面，对查找利用也是很方便的。二是卷盒，采用卷盒来保管案卷在目前是一种比较好的方法，它不仅能够防光、防尘和减少磨损，同时科学的卷盒也便于管理。但是制作卷盒费用比较大，因此，一般只对珍贵的档案采用卷盒包装。三是包装纸，有些文件可以用比较结实的纸张把它包装起来，但这只是一种临时措施。

3. 档案装具

档案装具是指用于存放档案的柜、架、箱，它们是档案室（馆）必需的基本设备。档案装具应该坚固耐用、存取方便、密封良好，并有利于防水、防火等，因此，最好用金属材料制成。

目前的档案装具中，活动式密集架在有效利用库房空间、坚固、密闭方面具有较好的性能。活动式密集架平时各架柜合为一体，调卷时可以手动或自动分开，比常规固定架柜节省近2/3的库房面积。新建库房如果使用活动式密集架则可比使用常规固定架柜节省近1/3的建筑费用。但是，安装活动式密集架要求地面承重能力较大，还必须考虑整个建筑物的坚固程度及使用年限等相关因素。

4. 档案保管设备

档案保管设备是指在档案保管、保护工作中使用的机械、仪器、仪表、器具等技术设备，主要有空调机、去湿机、加湿器、温湿度测量及控制设备、报警器、灭火器、电脑、复印机、装订机等。

5. 消耗品

消耗品是指用于档案保管工作的易耗低值物品，如防霉防虫药品、吸湿剂、各种表格及管理性的办公用品等。

档案库房、装具、设备、包装材料和消耗材料在档案保管工作中构成一个保护链条，共同发挥着为档案创造良好环境、防护档案免受侵害、维护档案完整和安全的作用。因此，档案室（馆）在开展档案保管工作时，应根据档案保管的整体要求和自身的情况，本着合理、有效、实用、节约的原则对这些物质条件进行配置。

第三节　档案的检索与编研

一、档案统计工作的内涵

（一）档案统计工作的对象

档案统计工作的对象涉及档案、档案管理和档案事业的所有方面，凡是档案事业领域内可进行量的描述与量化研究的现象，都可以纳入档案统计工作的范畴。

档案统计工作是一般统计方法与技术应用于档案管理的过程，它具有统计工作与档案管理的双重性质。正因如此，档案统计工作具有统计工作规范化、科学化、制度化和体系化的基本特征。

（二）档案统计工作的基本要求

档案统计工作除了要遵守一般统计工作的基本原则，比如保证工作的真实性、科学化、规划化之外，还要符合以下两个比较专业的要求：

1. 选择恰当的统计对象

一般而言，档案统计对象的选择要考虑一些因素，其进行统计工作的对象必须能够非常恰当地将档案管理整体情况的基本方面和关键因素反映出来。比如档案、档案相关工作人员及档案管理机构的数量、质量、状态和变化趋势等。

2. 设置合理的统计指标

在档案统计工作开展的过程中，在设置统计指标和选择统计方法的时候，要注意它们能够对档案和档案管理各个方面的情况进行非常精确的描述。比如，在档案数量的计量单位的使用上，除了可以使用传统的"卷"，还可以有更灵活的选择，例如可以表达排架长度的"米"，这样可以将档案的空间占有状态非常清楚地反映出来；在对档案利用情况的统计上，除了可以统计所利用档案的绝对数量，还可以对其相对数量进行统计。

（三）档案统计工作的步骤

档案统计工作的步骤可以分为以下四个阶段：

1. 统计设计

统计设计在档案统计工作中属于前期的一个准备阶段，在这个阶段，主要的工作是对统计工作的总体目标、具体任务、具体进程和具体方法等进行总的规划。统计设计阶段的主要作用是对相关的问题给予非常明确的规定，只有这样，才能够保证后续的统计工作顺利进行。

2. 统计调查

在统计调查这个阶段，基本任务是尽可能多地获取各种原始数据，其主要采用的调查手段就是利用各种不同的调查表。统计调查有不同的类型，根据统计工作任务的不同，可以将其分为综合性调查和专门调查。

第一种是综合性调查。综合性调查是统计调查的一种基本方式，其主体是国家统计机关和专业主管机关，属于国家统计工作制度的一项主要内容。综合性统计调查的表现形式是统计报表，它是带有强制执行性质的官方文件，要求各单位和个人以原始记录为依据，按照规定的格式、统一的计算方法和期限填报。

目前，在档案工作中，各级各类档案工作机构按照统一的规定向上级报送的统计报表主要有"中央国家机关、人民团体档案工作情况表""档案馆基本情况表"和"档案机构、人员基本情况表"，它们是档案统计工作中最基本、最经常的一种形式。

第二种是专门调查。专门调查指的是因为某一个特定需求而进行的专题性质的调查活动。相对于综合性调查而言，专门调查不管是在调查的组织者、调查的规模方面，还是在调查对象和调查方式方面都有更多种多样的选择。

上述几种专门调查的类型具有不同的功能，在实际工作中究竟采取哪种方式，应根据统计工作的目的、具体任务及统计对象的特点确定。

3. 统计整理

统计整理就是要对经由调查统计所获得的原始数据进行诸如分类、审核和计算等处理，使其变得条理有序。统计整理的主要目的是为下一个阶段的进行提供较为规范、系统的数据。一般而言，统计整理的方法有以下两种：

第一种是统计分组。统计分组就是要对统计对象和与其有关的数据进行有效分类，然后根据已有的分类在每一个类别里按照一定的规则对里边的统计对象和数据进行处理。这样可以为下一步的统计分析提供非常可靠的数据基础。按照分组时采用标准的多少，统计分组可以分为简单分组和复合分组两种。简单分组就是只采用一个标准进行分组；复合分组就是采用两个以上的标准进行分组。

第二种是统计表。在统计整理工作中，统计表不仅是一种常用的统计工具和显示形式，同时也是整理结果的一种非常直观明显的表达方式，在统计整理工作中十分重要。例如，将某省各市、县级档案馆在统计调查表中填报的馆藏档案数量及有关情况进行整理后，即可将整理结果用统计表列出。

4. 统计分析

统计分析是统计工作的最后一个阶段，就是要对统计整理的结果进行详细的分析和研究然后形成统计结论的工作。统计分析的目的是要发现其中具有规律性的情况和问题，研究其原因，最终得出有用的结论。统计分析的方法多种多样，一般而言，主要使用的有对比分析、相关分析与因果分析、静态分析、动态分析、综合分析、系统分析六种。

统计分析工作全部完成后，统计结果应该总结成统计分析报告。统计分析报告是统计工作的最终成果，要将其提交给相关的领导机构和部门，这些报告将成为领导部门进行决策、部署工作、实施领导的依据。

（四）档案统计工作的意义

档案统计工作的作用和意义主要体现在以下三个方面。

1. 做好档案统计工作是档案管理的客观需要

档案管理的对象是数以百计、千计的档案，没有科学的统计工作，就不可能管好、用好档案。

2. 档案统计工作是对档案室工作实行监督管理的有效方法

作为一项重要的基础性工作，档案统计工作是帮助各级档案行政管理部门对下指导，履行监督职能的工具。

3. 档案统计工作是加强档案事业宏观管理的一项重要手段

国家各级档案管理部门要了解、掌握档案的形成、管理、提供利用的状况，分析档案事业的历史和现状，预测档案事业的发展趋势，制定有关档案工作的方针、政策和计划，都需要档案统计工作提供大量的、准确的、可靠的信息和数据。

总之，档案统计工作在国家档案管理中发挥着重要的作用。

二、档案检索工作的内涵

（一）档案检索工作的内容

档案检索包括广义和狭义两种含义。广义的档案检索包括档案信息存贮和档案查检两个具体的过程。狭义的档案检索只限于查找所需档案的过程。作为档案管理人员，要掌握广义的档案检索工作的内容和方法，学会编制档案检索工具、建立检索体系，并且能够熟练地利用检索工具查找档案，以获得开启档案宝库的钥匙。

1. 档案信息存贮阶段的主要内容

档案信息存贮是指将档案原件中具有检索意义特征的信息，如文件作者、题名、时间、主题词等，记录在一定的载体上，进行分类或主题标识，编制成档案检索工具，建立档案检索体系的过程。它包括如下环节：

（1）档案的著录和标引

著录和标引是对档案的内容和形式特征进行分析、选择和记录，并赋予规范化的检索标识的过程；著录和标引的结果就是制作出反映档案内容、形式、分类和存址的可以用来检索的条目。

（2）组织档案检索工具

这项工作是指按照一定的规则，对著录和标引所产生的大量条目进行系统排列，使之形成某种类型的检索工具，并根据需要进行检索工具的匹配，组成手工的或计算机检索系统。

2. 档案查检阶段的主要内容

档案查检是指利用检索工具和检索系统查找所需档案的过程，包括如下环节：

（1）确定查找内容

确定查找内容就是要对档案利用者的检索要求进行详细科学的分析，由此确定档案利用者所需档案的主体，进而形成清晰的查询概念，然后借助检索语言把这些概念转化成为规范的检索标识。这个过程也可以称为制定检索策略。

（2）查找

查找就是档案人员或利用者通过各种手段把表示利用需求的检索标识或检索表达式与存贮在手工检索工具或计算机数据库中的标识进行相符性比对，将符合利用要求的条目查找出来。在手工检索中，相符性比对由人工进行；在机检过程中，则由计算机担负两者间的匹配工作。

（二）档案检索语言和符号

检索语言和符号是检索工作中存贮档案形式和内容特征信息时使用的记录工具。它们的作用是规范检索语言，简化记录的形式，并作为利用查寻的标记，使各种档案检索工具具有较高的查全率和查准率。

1. 档案检索语言

档案检索语言也称为标引语言，它是根据检索的需要而编制的一种专门语言；与自然语言不同，它是一种人工语言。检索语言具有如下两个特点：

（1）单义性

单义性是检索语言与自然语言的根本区别所在。自然语言是人们日常生活与工作交往中使用的语言。不同的时代和地域，人们表达事物具有不同的习惯，所以存在一词多义和一义多词的现象，例如："分配"一词具有经济学和行政学上不同的含义；"电脑"和"电子计算机"表示的则是同一个事物。档案检索过程中，如果使用自然语言，就会造成著录信息与查寻信息之间的匹配误差，降低检索的查全率和查准率。例如，在检索中如果对"分配"一词不加限定，查找出的文件就可能不符合特定需要，造成误检。这类问题在计算机检索中更为突出。例如，对文件标引时使用"电子计算机"一词，在查找时却使用"电脑"一词，如果不加以人工的或自动的转换，两个词就无法匹配，从而造成漏检。而检索语言正是通过各种方法对自然语言加以严格规范，达到一词一义的效果。

（2）专业性

专业性是指检索语言的词汇和编排方法符合档案信息的特点，专门用于档案的标引和查找。

2. 档案检索符号

符号作为一种人工语言，在档案的整理、编目、保管、利用等工作中具有指代档案实体、固定档案排列次序、标示档案存放位置的作用。在档案检索工作中，无论是著录标引，还是组织档案检索工具，都要利用符号的简洁、易于组合、指代性强等特点来表达档案信息的逻辑关系和作为标识。

档案检索符号大致可以分为实体符号、容具符号和标识符号三种。实体符号包括档案馆（室）代码、档案分类号、档号、缩微号等。容具符号包括库房号、装具号等。标识符号包括著录项目标识符与著录内容标识符。这些符号相互结合，构成一个完整的检索符号系统。

（三）档案检索效率

检索效率指的是通过检索满足利用者特定要求的全面性、准确性程度；检索效率可以说是检索系统性能及每一个检索过程质量的最基本的一个指标。我们在计算检索效率时通常采用查全率和查准率两个指标来衡量和表示。

查全率指的是检索结果对利用者要求满足的全面程度，也就是检索出来的相关档案与全部相关档案的百分比。与查全率相对应的叫作漏检率，漏检率指的是没有检索出来的相关档案和全部相关档案的百分比。

查准率指的是对利用者要求的准确程度的满足，也就是检索出来的相关档案与全部相关档案的百分比；与查准率相对应的是误检率，也就是指检索出来的不相关档案与检索出来的全部档案的百分比。

应该注意的是，查全率与查准率之间存在一种互逆关系，即如果放宽检索范围，以求得较好的查全率，那么，查准率就会下降；反之，如果限制检索范围，以提高查准率，查全率则会下降。因此，我们在设计档案检索系统和进行检索时，应该从利用者的不同需要出发，确定适当的查全率和查准率指标。

（四）档案检索工作的意义

档案的收集、整理、保管等环节，是变分散为集中、化凌乱为系统，把档案妥善管理起来，以备长远查考利用。档案在档案馆（室）是根据档案的形成规律，按其基本的整理系统排放和保管的，但是档案的利用者及查用的角度是固定的。只有通过专门的检索工作，档案保管的一般体系和特定的查找利用之间的矛盾才能够得到妥善的解决。因此，档案检索是开发档案信息资源的必要条件，在档案工作中占据非常重要的地位。具体而言，其意义体现在以下三方面。

1. 检索是提供利用的先期工作

档案馆（室）为提供档案利用所做的直接的准备工作，以及具体解决每个案卷或每一份文件的查找，都是通过检索来实现的。检索工作在很大程度上决定着利用者是否能够及时准确地对档案进行利用。因此，有经验的档案管理者，在开展利用工作之前，总是花费大量时间和精力，准备好各种检索手段。

2. 检索是提高档案馆（室）工作水平的重要手段

每个档案馆（室）拥有丰富的藏量固然十分必要，而深入广泛地开发档案信息资源，是各项基础工作的继续和发展，是提高档案馆（室）工作水平、实现科学管理的重要手段。

3. 检索是档案业务工作中一个独立的重要环节

档案检索可列入利用工作的范畴。大量地存贮档案线索、有计划地建设检索体系、专门为查找档案材料提供手段、深入研究档案内容，特别是编写大型的工具书、系统地评价档案材料等，其具体的工作内容和独特作用，是档案管理中任何一个业务环节所不能包括和代替的。随着档案的开放、利用工作的发展和新技术的应用，检索的内容和领域将会进一步充实和扩大，检索的技术和方法将有显著的改进和提高。今后一定时期内，我国档案检索的基本趋势，将是逐步向现代化的电子计算机检索过渡，电子计算机检索与常规的手工检索两者并存、互相补充。检索形式多样化、系列化和检索系统标准化的程度将日益提高。

第四节 档案的利用与统计

一、档案利用工作

(一) 档案利用工作的含义

档案的利用工作既包括档案馆(室)"提供档案利用"这一内容,又包括利用者"利用档案"这一内容。"提供档案利用"是针对档案管理者来说的,是指档案管理部门及其工作人员为满足利用者的需求,以档案信息资源为基础,通过一定的方式、方法和途径,向利用者提供有关的档案信息。"利用档案"是针对利用者来说的,是指利用者为研究和解决某种问题,以阅览、复制、摘录等形式使用档案的活动。这两者之间的关系是非常密切的,可以说相辅相成。如果没有"利用档案",那么"提供档案利用"就毫无意义。反之,如果没有"提供档案利用","利用档案"也是不可能实现的。这两者往往先后或同时发生,表现为一个过程的两个方面。对于档案部门来说,明确这两个概念,有利于其明确自己的职责范围,同时也有利于其顺利开展工作,提高工作效率。

(二) 档案利用工作的重要意义

档案利用工作尤其是"提供档案利用"是档案工作为社会主义事业服务的直接手段,它是兼承档案工作内外关系的一个重要环节,在档案工作中具有十分重要的意义。具体表现在以下四方面。

一是档案利用工作是档案工作的根本目的和中心任务。整个档案工作的成果直接与各行业发生信息传递、文献供应和咨询服务关系,同时,其集中地体现着档案工作的方向和任务。

二是档案利用工作是档案工作联系社会的一个窗口。档案利用工作是发挥档案作用、实现档案价值的主渠道,其直接服务于社会主义现代化建设。可见,其与社会的关系密切。档案馆(室)能否充分发挥馆藏档案资料的作用,快、准、全地向利用者提供所需要的档案材料,很大程度上也影响着其在社会中的声誉。

三是档案利用工作有利于推动档案基础业务建设,提高档案工作水平。档案利用工作是在档案的收集、整理、鉴定、保管等基础业务工作具备一定条件的情况下进行的。在进行档案利用工作过程中，能够比较客观地发现和了解档案工作中其他业务环节的优缺点，如收集的档案是否齐全、整理是否科学、鉴定是否准确、保管是否安全等，也就是说，对档案基础业务管理工作进行了一次全面检验。这便于有针对性地及时采取措施加以解决，推动基础工作，提高管理水平。此外，档案利用工作还通过对档案原件进行提炼、浓缩、编辑，档案用户可以利用开发成果，而减少档案原件的直接使用，有利于档案原件长久、安全保管。

四是档案利用管理有利于促进档案工作人员业务进修学习，提高档案干部队伍素质和工作能力。通过档案利用工作，可以使档案人员加深对档案利用工作的重要性体会，提高认识水平。在提供利用过程中，档案人员通过大量、系统地查阅档案，可以进一步熟悉库藏，了解和掌握档案的内容与成分构成状况及档案完整、准确和系统程度，丰富实践经验，不断提高管理水平。同时，还有利于档案人员开阔视野、激励档案人员努力学习，挖掘本单位从事的有关业务知识，提高档案开发方面的知识和文字水平。

总的来说，档案利用工作是档案工作中最富有活力的一个环节。它不仅是档案工作的根本目的和中心任务，而且对整个档案工作的开展有决定性影响。实践证明，做好档案利用工作才能使整个档案工作更具有生机与活力。

（三）档案利用制度

档案利用工作制度的内容主要包括以下五方面。

1. 提供利用的范围

提供利用的范围应包括提供利用的用户范围与提供利用的档案范围。具体来说，应明确规定本单位提供利用工作为哪些用户（或部门、人员）服务；为哪些工作活动服务，严格区分公务活动与私务活动对档案的利用需求等；规定提供利用的档案及其信息加工材料的使用范围与使用方式，哪些档案及其信息加工材料可以内部阅览或外借或复制或开放利用等；各类用户分别可以利用的档案及其信息加工材料的范围；哪些档案是不可以直接提供原件的等。

2. 利用凭证

对于要利用档案及其信息加工材料的用户，一般应向档案部门出示利用凭证，包括出借、阅览、复制等凭证。通常情况下，除公开向社会公布的档案信息加工材料外，凡利用库藏档案及其信息加工材料都应有相应凭证（包括身份证明、使用证明等）及有关审批手续等。

3. 交接手续

凡是要利用档案及其信息加工材料的外借、阅览及复制等，要做到以下三点：首先，检验相关凭证是否符合规定与要求；其次，清点交接登记，即将交接双方对提供利用的档案及其信息加工材料一一清点，并做好相应的利用登记；最后，归还检查与注销。对于借阅与部分复制的档案及其信息加工材料按规定须归还档案部门，在归还时交接双方也应当认真检查与清点，并在利用登记表中登记与注销。

4. 借阅期限

借阅期限是指用户对应当归还的档案及其信息加工材料的使用时间限制。档案部门必须对应当归还的档案及其信息加工材料的用户使用时间有针对性地做出相应规定和限制，对于超过使用时间限制的现象，应分别作出催还与续借的相应办法与措施。总之，不能让应归还的档案及其信息加工材料长期滞留在外，否则容易失去控制，造成丢失或损坏。

5. 使用守则

档案部门在提供档案利用服务的工作中，应对用户使用档案及其信息加工材料的方式、方法及注意事项等做出严格规定。当然，规定的目的或宗旨就是既满足用户需求、维护档案的完整与安全，又防止档案遭到涂改、圈点、污染、撕毁等破坏及泄密事故发生。

（四）档案利用工作的基本要求

1. 熟悉档案，了解和研究利用者的需要

要想做好档案利用工作，熟悉档案是非常必要的。熟悉档案，主要就是熟悉馆（室）藏档案材料的情况，包括内容、范围、存放地点、完整情况和作用等，熟悉每一个全宗的形成和整理状况，以及全宗与全宗之间的有机联系，熟悉各全宗的利用价值，尤其是充分掌握重点全宗和珍贵的档案。

用户的需求也是档案利用工作者要了解和研究的。这关系到做好档案提供利用的预测工作，即对一定时期内可能会大量利用档案的单位、利用档案的内容有一个预测性估计。了解和研究利用者的需要，主要包括摸清利用者利用档案的规律、了解利用者需要利用的内容和要求。当然，档案管理部门还应进行社会调查，把握社会需求，以保证为用户提供及时、准确的档案。

2. 明确服务方向，端正服务态度

档案管理具有鲜明的服务性特征。这一特征集中表现在档案提供利用的过程中。档案利用工作首先应当具备明确的服务方向这一前提。所以，档案利用工作人员一定要注意以服务于社会主义现代化建设事业为中心，全面地为党和国家各项工作服务。

档案管理人员明确了服务方向后，要树立坚定的服务思想和良好的服务态度。由于档案利用工作代表整个档案管理的成果，与社会中的很多工作有着密切的联系，也直接服务于利用者，因而档案管理人员必须具有高度的责任感，充分考虑利用者的需求，时时刻刻为利用者着想，将自身主动服务的精神充分发扬出来。

3. 有计划、有重点地编制必要的检索工具和参考资料

了解利用者的需要后，档案部门要有计划、有重点地将必须用到的检索工具和参考资料编制出来，以促进档案的充分利用。编制检索工具要避免盲目性、随意性，要按计划，重要的、急需的要先编，否则会错过利用良机。

4. 建立查阅制度

查阅制度的内容主要有查阅手续、摘抄、复印范围及清点、核对手续、查阅注意事项等。例如，查阅必须有严格的审批手续及办理登记的手续；不可涂改档案内容、勾画档案资料中的字句；不可折叠档案；在查阅时，要保证档案的完整无损，严禁喝水、吸烟；未经批准，不得擅自摄制、翻印、复印和随意转版篡改、公布档案内容。

5. 正确处理档案利用和保密的关系

为了合理发挥档案在国家各项事业中的作用，档案管理部门必须做好档案利用工作和档案保密工作。档案的利用工作和保密工作并不冲突，因为它们的出发点和目的是一致的。如果长期把档案禁锢起来不准使用，就失去了保存档案的意义。但是，有些档案又属于党和国家机密，在提供利用时必须对利用范围严加控制，这是档案工作政治性的要求。因此，在开展档案提供利用工作时，既要积极提供档案为各项工作服务，又要坚持保密原则。因此，何时开放什么档案、何时不宜开放什么档案，都必须根据档案的具体内容和国家利益的需要来认真审定和严格掌握。

要处理好档案利用和保密的关系，档案管理者必须明确以下两点：第一，保密不是不准利用，只是将利用档案的单位和个人限制在一定范围之内，保密实际上就是为了更好地利用；第二，保密是动态的，即现在的机密随着时间的推移与主客观条件的变化将来可能降密或解密，一般来说，档案机密程度与保存时间成反比例关系。随着保存时间的增加，档案的机密程度不断降低。因此，档案管理人员要根据社会的变化和需求及时解密档案。

二、档案编研工作

档案编研工作，是指档案馆（室）以所藏档案为基础，根据用户的利用需求对档案信息进行研究和加工，编辑各种类型的档案的活动。

（一）档案编研工作的内容

档案编研工作的具体内容有以下四方面。

一是编辑档案史料和现行文件汇编。这项工作也被称为档案文献编纂。该项工作的成果具有原始性、系统性和易读性等特点，工作成果备受读者青睐。

二是编辑档案文摘汇编。这是对档案原文的缩编，相当于档案二次文献，具有灵活、简便、及时的特点。

三是编写档案参考资料。它以综合加工编写的作品提供利用。

四是编史修志。我国历来的档案工作中，都有从事历史研究这一任务。古代的档案工作者往往同时也是历史学者，编纂朝代历史和编修地方志是常有的事。

（二）档案编研工作的类型

按照对档案信息进行加工的性质和层次可将档案编研工作分为以下三类：

1. 抄纂

抄纂是按照一定的专题对档案文献进行收集、筛选、转录、校勘、标点、标目、编排和评价，并以书册形式或在报刊发表形式向读者提供真实、准确、可靠的档案原文。

2. 编述

编述是在可以凭借的资料基础上加以提炼制作，用新的体例改编成为另一种形式的书籍。编述有两种形式：一是编写档案文献报道资料，主要指档案馆指南、专题指南、全宗指南、档案文摘等；二是编写档案文献撰述型资料，指根据档案文献所记录的史实记忆提炼综合编写的大事记、组织沿革、基础数字汇集、专题概要、年鉴、手册等资料书和工具书。

3. 著述

著述，是指以馆（室）藏档案为基础，参加历史研究和编史修志，撰写历史文化读物、爱国主义教材和其他专门文章与著作等。

（三）档案编研工作的重要意义

档案编研工作对整个档案工作具有十分重要的意义，其具体反映在以下三方面：

1. 有利于更好地为社会提供档案利用

档案编研工作是主动地、系统地、广泛地提供档案利用的一个有效方式。因为档案管理工作人员把具有研究价值和实用价值的档案信息编辑、加工后，推荐、分发给有关人员使用或公开出版，是一种主动服务的方式；而将特定题目的档案文件或档案信息集中、系统化，可以在很大程度上节省利用者的查找时间和精力。此外，档案编研成果更利于传播，使馆外利用、异地利用成为可能。这些都说明，档案编研工作有利于更好地为社会提供档案利用。

2. 有利于提高档案馆（室）的工作水平

首先，开展档案编研工作，档案馆（室）一般都会先进行档案的收集与整理等工作，这些基础工作往往又能够对档案馆（室）的整个工作起到全面检验的作用，其次，档案编研工作对档案管理人员的要求较高，其需要具备较高的知识水平、研究能力以及专业素养，因此不断开展编研管理又能够促进档案工作人员工作水平的提高；最后，档案编研工作能够向社会各界和本机关提供系统的档案信息服务，这有助于档案馆（室）扩大档案管理的影响，获得更多的社会支持。

3. 有利于保护档案原件和流传档案史料

开展档案馆（室）的编研工作，编写参考资料和汇编档案史料，能够大大地减少这些资料和史料的损坏和流失，有利于档案原件较为长久地保留下来。将档案文件汇编出版，更是相当于为有关档案制作了大量副本，分存于各处。可见，档案编研工作有利于保护档案原件和流传档案史料。

（四）档案编研工作的基本要求

档案编研工作自身的特性决定了其是一项非常严肃认真的工作，需要编研人员有高度的政治责任心和实事求是的科学态度。具体的工作中，更是应当掌握以下一些要求：

1. 保持史料上的真实性

档案编研过程中选用的档案史料必须客观、真实，能准确地反映历史事实。要想使编研成果的质量经得起历史考验，就必须重视其真实性。对于一些档案材料，不知道是否真实，就不加考证地盲目使用，必然是以讹传讹，最后导致难以想象的后果。因此，档案编研工作中的一个重要任务就是——核实考证档案材料，在收集素材、编辑加工、材料审核等各个环节都要做细致的去伪存真的分析研究，保留真实可靠的材料，切不可任由不真实的材料流传下去。同时，编研人员也要注意在任何情况下不能主观地歪曲、篡改档案事实。

2. 保持政治上的正确性

档案编研工作不可避免地会带有一定的政治倾向，这是一个不争的事实。档案编研成果以档案为基础编辑或编写，带有一定的权威性，利用者往往会作为依据性材料加以使用。这就要求编研人员要将辩证唯物主义和历史唯物主义的思想方法贯穿在选题、选材乃至加工、编写的每一个环节中，使编研成果反映历史的真实面貌。

3. 保持内容上的充实性和条理性

档案编研成果的内容是否充实与有条理往往决定着其在使用中的受欢迎和受重视的程度。如果一个编研成果内容丰富、材料充实，能完整地反映有关事物的发生、发展、变化和终结的全部过程，利用者使用起来得心应手，也就必然会受到欢迎；反之，如果材料零零散散、混乱不堪或不能反映事物的全貌，利用者就会感到不满足，编研工作也就没有达到预期目的。所以，编研人员要注意在编研过程中将与题目有关的档案材料收集齐全，尽量选用其中能反映一个事物发生、发展、变化、终结全过程的完整材料。

4. 保持体例上的规范性与系统性

档案编研是开发档案资源的一项高难度文化工程，所以，难以脱离科学化与规范化的轨道。档案编研工作要遵守一定的规范要求，什么样的编研产品，就有什么样的编写规范，不可随意。体例，即档案成果的编写格式或组织形式。档案成果在体例上要有一定的规范性与系统性，也就是说，在内容上要条理系统、上下联系、合乎逻辑；在编排上要科学划分章节、结构严谨、自成体系。

（五）档案编研工作的程序

1. 熟悉馆藏档案，确定编研课题

在档案编研工作开始之前，编研人员首先要做的就是熟悉本馆的馆藏档案。在此基础上，就可以开始档案编研工作的第一步——确定编研课题。确定一个好的编研课题是搞好编研的关键。在定题时，应以实际需要为前提、以馆藏档案为依据，通过调查和分析做出结论。定题的方式通常有以下四种。

①根据需求预测定题。预测，就是在客观现实的基础上，运用科学的方法，对事物的发展做出展望和判断，使编研材料的提供与社会需求相一致。

②围绕党和政府的中心工作定题。地方党委、政府在一段时期内都会有突出的中心工作。在馆藏档案中，有许多内容是与中心工作相关的真实记录，档案部门可以根据党和政府开展的中心工作，开发馆藏档案信息，提供编研材料。

③根据档案利用查阅人多量大的需求情况定题。凡利用率高的档案，就是档案编研定题的目标，通过编研，把那些经常利用的而分散在各个全宗、各个案卷的档案，汇编成系统的专题史料，以满足社会利用的需要。

④根据最具有地方特色的馆藏档案定题。档案馆应尽可能发挥馆藏档案优势，积极开发具有地方特色的档案信息。这些地方特色的档案史料，不仅从长远看具有总结经验的价

值，而且可以配合地方文化建设，直接产生经济效益。

2. 收集相关资料筛选组织

确定了编研课题之后，编研人员就可以着手档案材料的选材、加工、编排及查考性材料与评定性材料的编写。首先是围绕题目，广泛收集和积累材料、占有丰富的文件材料，力求全面、准确、完整、系统，其范围越广泛越好，内容越完整、越系统越好；其次是组织材料，将材料进行梳理、筛选、编排，形成系统。

3. 整理成果形成产品

编研工作的最终目的是将编研成果以图书等文献的形式呈现出来，供需要的人或组织利用。编研成果一般要求"齐、清、定"。"齐"是指书稿的内容和有关部门对公布与出版部分档案材料的审批手续齐全；"清"是指稿面字迹清楚、图稿清晰准确；"定"是指送交的书稿无论内容还是规格都已最后确定。

在整理成果形成产品的过程中，编研人员要注意以下四点。

①进一步审定书稿的内容。书稿完成后要进行审核，主要审查书稿的内容是否合理、真实、有序。引用的档案材料有无错误或漏字等现象，以确保编研质量。

②进一步审核编研成果的辅助材料。辅助材料有三种：评述性材料，如注释、按语、序言等；查考性材料，如年表、插图、备考和凡例等；检索性材料，包括汇编目录和各种索引。

③统一编写规范。资料收集与编辑格式、转录的要求、标题的拟写、编者说明的拟写、封面目录的必要项目与格式等，都可以做出统一的规定。

④充分发挥网络作用。在当前社会背景下，互联网已普及开来。所以，网络档案编研必将成为新时期档案编研工作的趋势。档案编研工作要注意充分发挥网络作用。目前，各级各类档案网站的建设为网络编研工作的开展提供了物质保证，同时也对档案编研工作提出了更高的要求。

第四章　档案信息化的实施策略

第一节　档案信息化的措施

一、档案信息化建设的目标

（一）实现档案资源的整体规划和综合利用

档案管理部门应在"加强统筹规划，促进综合利用，避免盲目发展"的思想指导下，制订档案信息化的整体规划，最大限度地实现档案资源的综合利用。按照"统一、通用、科学、标准、共享"的原则要求，积极推进应用先进的计算机管理软件；按照国家电子政务的基本要求，加强档案计算机管理系统和办公自动化管理系统的衔接和融合，广泛应用文档一体化管理系统；进一步健全档案网站，不断丰富网站内容，有计划地开放数据库，提供网上查询和利用服务，并逐步增加交互式的网上办事功能；加快使用率高的专题数据库建设，不断增加档案信息资源的数量；加快查阅率相对较高的专题数据库建设，不断扩大数据来源和规模，最大限度地实现档案资源的综合利用。

（二）实现档案信息资源的社会共享

1. 电子档案的归档

随着电子政务的不断发展，大量的电子档案和电子目录是今后档案信息的主要增长点，同时也是档案信息资源建设的源头之一。从档案信息化建设的长远考虑，各级档案管理部门必须加强对电子档案的归档、保管，利用的技术手段的管理，制定电子档案的接收标准的管理制度；可根据实际情况，实行纸质档案和电子档案"双轨制"的接收模式，并依托局域网构建电子档案的网上接收平台，开展电子档案目录和电子档案的全文接收，达到省时快捷的建档效果。电子档案目录的建立方便了档案的检索和查找，加速了档案的周转，提高了档案的利用率。

2. 电子档案的数字化管理

传统的档案管理体制下档案多以纸质档案为主，为了适应信息化建设的需要，实现档案信息资源的社会共享，就须要对纸质的档案进行数字化转换。档案信息的数字化包括两方面的内容，即档案目录信息的数字化和档案全文信息的数字化。档案目录的数字化包括全宗级目录、案卷级目录和文件级目录，各级档案馆必须在加快档案著录速度、严格规范著录标引的前提下，建设覆盖馆藏档案的全宗级目录和案卷级目录数据库；一些重要的档案将逐步实现文件级目录的机检；有条件的档案馆可实现全部文件级目录机检。档案全文信息的数字化，应围绕利用需求，以建立高质量的数据库为目标，积极地加以推进。通常是一般的馆藏照片、音视频档案，应全部数字化；一些重要的全宗档案、利用率高的馆藏资料和专题文件，应逐步进行全文数字化；一些条件比较好的档案馆，可建立多媒体全文数据库，形成档案全文数据中心，这样不但方便了电子文档的检索，也满足了电子文件实现社会共享的需要。

3. 电子档案共享平台的建设

网络环境下的档案信息资源建设，不仅包括自身馆藏的信息资源，还包括馆藏以外的档案信息资源。这种可供双向利用信息资源的实现模式就是建设档案目录中心。档案目录建设的实质是网络环境下各种档案信息资源的"虚拟整合"，以实现更大范围内的资源共享。各级档案馆应有计划地建设本系统的档案目录中心和目录分数据库，并通过公务网与主数据库连接，整合各种利用率较高的专题档案目录，建立机读目录的逐年收集和送交机制。

（三）加强电子档案的安全保障体系建设

1. 建立保证安全的法规制度

尽管我国已经颁布了一系列的安全管理法规，但还缺少国家级的统领全局的信息安全制度。在有法可依的情况下，档案管理机构本身还必须根据国家相关的法律、法规、规章制度制定符合本单位实际的安全保密制度，比如安全等级保密、电子文件管理、违章操作审计查处等，把对信息安全的威胁降到最低。

2. 档案信息的安全管理

（1）建立科学的归档制度

归档时应对电子文件进行全面、认真的检查，在内容方面检查电子文件是否完整、真实可靠，相应的机读目录、应用软件及其他相关的内容是否一同归档，归档的电子文件是否是最终的稿件，CAD电子文件是否反映产品定型技术状态的版本或本阶段产品技术状态的最终版本，电子文件与其他纸质的文件的内容是否一致，软件产品的源程序与文本是否一致等。在技术方面应严把质量关，严格检查电子文件是否有病毒存在，确保信息的准确性。

（2）建立严格的保管制度

所有归档的电子文件都必须做写保护处理，使之处于安全的状态。在对电子文件进行处理或对电子文件实行格式转换时，要特别注意避免出现转换过程中的信息失真。另外，还必须对电子文件进行定期的有效性、安全性的检查，发现信息或载体有损伤时，及时采取维护措施，进行修复或拷贝。

（3）建立电子文件管理的记录系统

电子文件形成后因载体转换和格式转换而不断改变自身的存在形式，如果没有相关的信息可以证明文件的内容没有发生任何变化，人们是无法确认它的真实性的，因此，应该为每一份文件建立必要的记录，记载文件的管理内容情况，确保信息的准确可靠。

3. 维护公共设施的安全

随着电子档案信息应用范围的不断扩大，数字档案信息的安全工作也日益重要。目前威胁数字档案信息物理安全的因素主要有：机房、办公室管理不严，人员随意出入；对电脑文件、数据、资料缺乏有序的保存管理；工作人员对技术防范手段、设备认识不足，缺乏了解，操作不当，造成设备损坏，内部网、电脑办公网与因特网混用。

二、档案信息化建设的内容

（一）档案信息化的规范化建设

标准规范化是实施档案信息化建设的重要内容之一，在档案资源的收集过程中，资源的存在形式是多种多样的，社会对信息资源的需求形式也是多种多样并在不断发生变化。因此，没有标准化的规范体系，数字资源很难保证其内容的长期保存、有效的操作、数据交换、永久性的保管，更难以实现信息资源的社会共享。

长期以来，我国档案信息化系统建设层次标准不一，各种标准的规范性、标准性、共享性较差，还不能完全适应档案信息化建设共享的社会需求。从信息化建设的科学性要求和解决长期以来信息化建设中存在的各自为政、相互封闭、重复建设的问题出发，在档案信息化建设中必须总体规划，制定统一的规范化标准，这是做好信息化建设的最基本的工作，也是必须做好的首要工作。

所谓标准，是对重复性的事物和概念所做的统一规定。它以科学技术和实践经验的综合成果为基础，经有关方面协商，由主管机构批准，以特定形式发布，作为共同遵守的准则和依据。所谓标准化是指在经济、技术、科学及管理等社会实践中，对重复性的事物和概念，通过制定、发布和实施标准，达到统一，以获得最佳之需和社会效益。

档案信息化的最终目的是实现档案资源的社会共享。档案信息化体系建设是以档案信息资源库建设为核心、以信息技术的应用为手段、以网络建设为基础的系统工程。档案信息资源体系建设涉及各种数据、网络建设和应用体系开发等各方面，档案信息标准是档案信息资源共享体系建设的重要保障。

标准统一是实现网络信息互通、信息资源共享的前提条件。标准规范体系包括管理、业务、技术三方面。管理性的标准规范包括计算机安全法规与标准，工作人员、用户及设备管理规范，利用管理规定数字档案信息资源合法性的确认等；业务性标准规范包括术语标准及相关电子文件和电子档案管理的标准、规范；技术性的标准规范，可分为硬件、软件、数据标准三个方面。硬件包括计算机、网络服务器、网络通信等电子设备；软件包括系统软件和应用软件；数据标准是确保档案的通用、共享与交换，确保在软、硬件环境变化时档案数据的完整、安全与有效。

（二）档案信息资源的建设

1. 档案信息资源包括的主要内容

一是接收的电子文件档案，对电子文件的接收和管理是档案信息资源建设的重要内容；二是馆藏档案，是目前最主要的信息资源来源，是目前档案信息化建设的重点工作；三是网络信息资源的获取，档案信息化建设是我国信息化建设的组成部分，所以它的发展不可能离开整个社会信息化的大环境，档案信息化建设要想不断得到发展，就必须扩展自己的工作思路和范围，这样才能给信息化建设以更大的发展空间；四是其他资源的获取，档案信息资源还包括信息人员、信息技术、信息系统等。

2. 档案信息资源建设的构成体系

一是数字化处理前的准备，档案信息从数字化处理角度可以分为符号信息、静态视频信息、动态视频信息和音频信息。每一种信息都有不同的处理方式，因此，要对不同的信息制订不同的处理方案，最大限度地将档案实体上的信息保留下来。因此，档案信息数字化前的准备工作，对数字化档案信息的质量起着十分重要的作用。二是数字化处理子系统。这一部分是整个系统的核心部分，它利用各种设备系统对不同类型的档案信息分别进行处理，然后进入数据库，进行必要的组织和管理。它包括：①电子文件的处理系统，包括对电子文件的接收和实行统一规范的管理及提供网上查询利用服务；②数据存储子系统，可以按不同类型存储在各类数据库和文件系统中；③档案馆藏数字化处理系统，它是对非数字化的档案，采取不同的方法进行数字处理，成为统一的数字化档案信息。

（三）档案信息资源数据库的建设

档案信息资源数据库是档案信息化建设的核心部分，档案信息的数字化网络化工作都要围绕数据库建设进行，其工作结果都要存储在数据库中，数据的质量对数据库的质量起着实质性的作用，其建设要以国际、国家标准为依据，为此，首先必须做到数据的准确性，要保证存储的数据规范、准确。数据准确是对档案数据的最基本的要求，档案数据库的数据著录项目要符合数据的规范要求，对目录数据库的建设要依照事先确定好的著录标准进行数据库建设。其次要做到数据的有效性，要采用通用的文件格式标准记录档案数据，特别是对一些图形、图像、声音等全文信息，要采用标准和通用格式进行记录，降低未来有可能进行的数据存储格式转换和数据迁移的成本，杜绝馆藏数据无法读出的情况发生。最后是数据的稳定性，档案建设重要的数据库结构、数据著录标准确立后，不能轻易变更，以维护系统的稳定和数据规范的连续性。

三、档案信息化建设的任务

（一）档案信息数据库建设

1. 档案信息数据库的性能指标

（1）收录数据的准确性

数据库中收录的数据是否准确可靠，关系到档案检索系统的检索效率。数据的任何差错，如字符的不一致、格式的不统一、拼写的错误等，都会对计算机检索产生影响，尤其在数据型数据库中，数据的不准确往往会造成严重的后果，可能降低信息系统在用户心中的可信度，会使用户对信息的准确性产生怀疑。

（2）数据记录的完整性

数据记录的完整性是评价数据库质量的首要指标。数据库覆盖面的大小、收录数据的完备程度，关系到它是否能全面满足用户的检索需求，这是取信于用户的基本前提。

（3）信息内容的丰富性

信息内容的丰富程度是揭示信息特征的重要指标。如一份档案著录项目的翔实程度、有无摘要、外文、标引深度的大小。数据库的内容越充实就越有助于用户判断档案的价值及其切题程度，从而帮助用户准确、快速地找到所需的信息。

（4）数据库的及时性

数据库的及时性主要指一份档案从形成到纳入数据库之间的时差。如果用户先看到原始档案，然后再从数据库中检索到所需的信息，就会认为数据库提供的数据不及时，数据库的及时性对现实效益较强的科技档案尤其重要，数据库的时差越短，其价值就越大。

（5）数据库的成本效益

建立数据库要花费大量的人力物力，因此，经济成本是衡量与选择数据库类型的重要指标，应尽可能用最低的成本获得最大的效益。计算数据库成本的指标包括每个字段、每条记录的平均费用，每次检索每次命中记录的平均费用等。

2. 档案信息数据库的组成和功能

数据库、数据库管理系统和数据库系统这几个概念常常混淆，其实它们是三个不同的概念。通常人们所说的数据库，是指数据库系统。一个数据库系统是一个实际可行的，按照数据库方式存储、维护和向应用程序提供数据或信息支持的系统。它是存储介质、处理对象和管理系统的集合体，通常由数据库、硬件、数据库管理系统和数据库管理几部分组成。对于档案库来说，还应包括档案信息数据。

数据库就是存储信息的仓库。档案信息数据被存储到计算机中，使人们能快速方便地对数据库进行查询、修改，并按一定的格式输出，从而达到管理和使用这些数据库的目的。硬件机制存储数据库和运行数据库管理系统的硬件资源，包括物理存储数据库的系统和其他外部设备等。数据库管理系统是负责数据库的存取、维护和管理的软件系统。数据库系统各类用户对数据库的各种操作请求，都是由 DBMS 来完成的，它是数据库系统的核心软件。

数据库系统克服了以前数据管理方式的缺点，试图提供一种完美的更高层次的数据管理方式。它的指导思想是对所用的数据实行统一、集中、独立的管理，使数据存储独立于数据存储的程序，实现数据共享。数据库系统管理方式具有数据共享、数据结构化、数据独立性、统一数据控制功能等特点。

3. 档案信息数据库的构成

（1）档案全文信息数据库建设

档案全文信息数据库是最实用也是最受社会不同层次利用者欢迎的数据，因为这些全文信息通过网络环境，有可能使各方面的利用者不受空间的限制方便地利用。建立全文信息数据库关键是档案文献数字化前的处理工作。

（2）档案文件级目录建设

档案文件级目录一般包括重要文件级目录和案卷文件级目录。档案文件级目录建设至少具有两项优点：一是有利于用户对有关档案文献做更深度的检索和查阅，使查找更具有专指性；二是有利于与档案全文信息数字化开展相匹配。由于文件级目录建设耗时耗力，一般以馆藏重点全宗档案为对象。

（3）档案案卷级目录建设

案卷级目录是档案资源建设最基础的数据。在档案信息化的建设中，档案案卷级目录应涵盖档案馆全部馆藏，必须达到馆藏要求，其内容包括馆藏各个时期和各种载体档案的目录。

（4）照片档案目录建设

照片档案目录是最受重视的专题档案目录之一。它有以下三个特点：一是著录项目多，与普通纸质文件相比，照片档案的著录项目更为齐全，因而其揭示的信息特征更多；二是照片目录与数字化或图片文件数据相关联使用，照片档案目录建设的关键是每条目录数据著录项目的完备性；三是分类标准独特，与普通纸质档案相比，照片档案的分类更切合档案馆藏的实际，使用者更易接受。

（5）专题档案目录建设

专题档案目录是目前最热门的电子档案检索工具之一，是以真正提供利用为目的、方便利用者的检索工具。它积聚了馆藏中有关档案专题的所有案卷级目录和文件级目录，这些目录包括全宗的目录集合体。专题的内涵包括档案内容、档案文本或档案载体等。专题档案目录建设的关键是对有关专题的选择和确定，须兼顾馆藏特色和社会利用需求。

（二）　数字档案的收集

1. 电子文件的收集

电子文件和纸质文件的生成背景和发挥作用的不同，使得其收集方法和要求也不相同。如"无纸化"的电子文件，不仅要收集积累，更要有严格的安全措施，因此，可制作成拷贝，以免电子文件系统发生意外使文件信息丢失；起辅助作用或正式作用的电子文件，应及时收集与整理，并与其相应的纸质文件之间建立标识关系；草稿文件一般不予保留，如果出于对所保留电子文件重要性的考虑，则应对其进行收集和积累。

在进行电子文件的收集时我们应区别对待，不能用同一种收集方式。因不同信息的电子文件，由于其技术特性不同，存储载体和记录信息的标准、压缩算法也不同，所以应分别采取措施保证其原始性、真实性、完整性。另外与纸质文件不同，电子文件的读取、还原，离不开其生成的软硬件环境和元数据等，所以电子文件的收集、积累还必须包括这些内容。

电子文件的类型多种多样。按形成电子文件的性质分，有文本文件、图形文件、图像文件等；按电子文件的功能分，有各种公文、文本文件、设计文件、研究试验文件等。对电子文件的收集、积累应包括归档范围内所用的电子文件，对未列入收集归档范围的电子文件，有的也要收集，尤其需要对一些项目做补充归档或扩大归档。因此，归档人员要了解一些未列入接收电子文件的形成、承办情况，有的要及时主动收集。特别是对个人电子计算机产生的电子文件的收集工作，紧迫性很强，错过时机，电子文件就有失散、损毁的可能。

2. 电子文件归档的具体形式和要求

电子文件归档的形式概括起来主要有三种形式：物理归档、文本转换归档和逻辑归档。

物理归档是将带有规定标志的电子文件集中，拷贝到耐久性能好的磁、光记录介质上，一式三套：一套封存保管，一套供查阅使用，一套异地保存。这种归档方式缓解了紧张的存储空间，并且延长了数字化电子文件的寿命。拷贝归档，常常采取压缩归档和备份系统归档手段。压缩归档即采取数据压缩工具，对电子计算机网络上应归档的文件，经过一段时间积累后进行压缩操作，录入磁、光记录介质上。这种方法往往对将来的电子档案管理有利。备份系统归档，即在电子计算机网络环境下，将归档的电子文件在网上进行一次备份操作，就可将归档的电子文件记录在磁、光记录介质上。为保证电子文件的真实性，在归档电子文件时也将记录日志和数据库都备份到磁、光记录介质上。

文本转换归档是将电子文件转换成纸质文件归档，并使纸质管理系统与电子管理系统建立互联关系。这种归档方式是为了适应现有的科技水平，保证电子文件的原始性和凭证价值而采取的措施，有其局限性。

逻辑归档是指电子文件的管理权从网络上转移到档案部门，在归档工作中，电子文件的存储格式和位置暂时保持不变。这种归档方式解决了许多机关"收集归档难"的问题，并使档案部门对其应予以接收的电子文件有了控制权。

对电子文件的基本要求包含两方面。首先是文件的真实性和完整性。按照电子文件归档的不同阶段的标准准确说明配套软硬件环境。其次是归档电子文件格式应为工业标准，在标准的用户界面下操作，支持不同的平台，与现有的设备兼容，能以标准的数据库语言与数据库相连或者确定统一的标准，在内部的电子计算机网络上使用，以实现良好的转换状态。因为电子文件是由内容、存储载体、现实的软硬件设备组合，电子文件归档时必须考虑电子文件的组合问题。

目前电子文件归档分三步实行：首先，由电子部门和文书处理部门合作，在电子文件的形成或收到的同时，对列入归档范围的文件进行逻辑归档，其次，在有逻辑归档标识的电子文件办理完毕后，有专人对电子文件进行真实性和完整性的检验，检验无误的纸质文件，与该电子文件的物理载体建立互联并一同归档，最后，对有逻辑归档标识的电子文件定期进行物理归档。

3. 加强电子文件归档管理的标准化建设

电子文件是电子政务和电子商务发展的必然产物，它必须有标准化的现代化管理。因此，有必要对电子文件著录标准化、存储格式化和元数据标准化等电子文件标准化管理中的基本问题进行深入的研究，尽快使电子文件的管理全过程做到有章可循，保证电子文件从生成到归档管理上的连续性和规范性，为最终确定电子文件的法律效应创造必要的条件。

制定科学的电子文件归档标准是当前我国档案管理标准化工作的重点，也是加强电子文件管理的一项有力的措施和必要的途径。制定标准应充分重视以下三项任务：第一，明确当前亟需攻关解决的标准，如电子文档的归档标准、电子文件著录格式标准、电子文件的储存格式标准等；第二，提倡使用统一的软件，通过统一的软件，使电子文件归档管理逐步纳入规范化的轨道，由档案行政管理部门与专业软件公司共同技术攻关，合作开发通用软件，并逐步在各级档案部门中推广使用，将是一条切实可行的途径；第三，与计算机行业联手合作，区分档案部门内部制定的标准和档案部门和计算机行业联手制定的技术标准，尤其是后者要列入规划，最终构成完整的电子文件归档管理标准体系。

4. 电子档案的接收和迁移

按档案存储法的有关规定，电子档案到了一定的年限就应向综合档案馆移交，其中包括目录和全文信息。综合档案馆的收集一般采用介质接收和网络接收两种形式。介质接收即用存储体传递的电子文件，如磁盘、光盘，进行卸载式离线报盘接收，一般按规定进行登记、签署，对于更改处，要填写更改单，按更改审批手续进行，并存有备份文件防止出现差错。网络接收即在电子计算机网络系统上进行在线接收，系统应设计自动记录功能，记载电子文件的产生、修改、删除、责任人及记录数据库的时间等，并在进入数据库之前，对记有档案标识的内容进行鉴定、归档和接收入库。

在数字档案的接收过程中，我们从一个网络的数据库中，将数据导出到磁、光介质，再将这些介质接到另一个网络，将数据导入其数据库，从而完成从一种技术环境到另一种技术环境的转换，使数字信息发生了迁移，在数字信息迁移过程中，要注意三个问题。一是确保档案信息内容的真实和维护使用功能。对于那些在不同操作系统之间迁移的数字信息而言，即使不可能保持原格式外观时，也必须保证内容和使用功能不变。二是降低迁移成本和风险。数字信息迁移要考虑迁移成本和可能存在的风险，要考虑合适的迁移间隔时间。三是确保信息内容的原始性和完整性。

（三）馆藏档案数字化

1. 馆藏档案数字化的工作内容

馆藏档案数字化主要包括两项任务：一是将传统载体的档案目录进行数字化。二是将档案内容进行数字化；档案目录数字化的主要工作是对载体档案进行编目，并将目录信息录入计算机，建立档案目录数据库，利用管理信息系统实现档案目录数据的计算机管理和目录信息的资源共享。

档案内容数字化的主要工作是馆藏的纸质、录音、录像、照片等档案，通过扫描、加工、处理转变为文本、图像、图形、流媒体等数字格式信息，存储在网络服务器中，利用计算机及信息系统提供查询、检索和浏览。

档案内容数字化工作包括数字化预加工和深加工两个步骤，数字化预加工能够将纸质档案、照片档案、微缩胶片等转变为电子图像文件，不能将纸质档案上的文字信息进行完全处理；数字化的深加工则是利用技术含量较高的语言识别处理技术获取载体档案中的文字信息，方便提供全文检索。

2. 馆藏档案数字化的业务流程

（1）数字化的预处理

预处理是数字化加工的第一步，其主要工作是将馆藏的实物档案，比如纸质档案、录音录像、照片、微缩胶片等按照数字化加工的轻重缓急原则进行筛选，然后再按照下一步数字化处理工作的具体要求做拆分、分类、整理、模数转换等处理工作。此环节中的安全风险主要来源于公共环境等人为因素，主要安全任务是防火、防抢、防盗、防泄漏及防止因错误操作而导致档案受损事故的发生。因此，该阶段采取的安全防范措施是：按照加工工序制定严格的安全管理制度，明确各工作的岗位职责，并严格监督执行；启动档案馆的安全监控系统，实行实时监控，一旦出现问题应立即采取措施。

（2）数字化加工与转换

就是将传统的档案转换为数字形式标识的档案信息资源，其主要工作包括：纸质档案的扫描，录音录像、数码拍照的数字化转换，微缩胶片的数字化等。本阶段安全问题主要是加强对损坏程度比较严重的，纸质又很薄、很难直接进行扫描或者无法采取扫描方式进行数字化的历史档案的处理。本阶段的安全重点是数字化过程中原件的保护，必须在大量实践经验的基础上，选择科学的、合理的数字化加工与转换的技术与指标开展工作。

（3）信息的处理

信息处理的主要工作是将数字化后的图像文件、多媒体信息等与档案的著录信息进行关联的重要过程，也是整个数字化工作。首先是档案资源的编目、标引等基础数据的录入和处理等工作；其次是将图像与多媒体文件对照原始档案而进行的核对、压缩等处理工作，无论是纸质档案还是录音录像档案通过模拟到数字化的转换后，都可能造成一定程度的数据丢失或信息的失真。因此，本阶段的安全重点是保证档案数字化后能够被存储、保存和提供利用，并考虑如何将失真度降到最低的问题。

（4）信息的存储

经过处理的数据要存储到网络环境中并提供利用，而不仅是存储在光盘上保存在库房做档案备份。因此，应根据数字化的存储容量及网络化提供利用的要求，选择网络存储设备、考虑数据库与电子文件存储和被访问的方式，这一阶段安全的重点是考虑电子文件的存储和保管的安全模式，严格按照档案管理的标准开展规范化操作。

（5）信息的利用

这一阶段将采用计算机应用软件系统，按照档案法及本单位的管理规范，将数字信息发布到网上，并提供不同网络范围内的不同数据内容的档案利用。本阶段安全防范的重点是：系统用户权限的严格管理、对访问系统中用户身份的严格认证及内网、外网计算机之间的访问控制等安全问题，同时还要严格管理网络上各服务器、客户端等计算机系统，并防止应用程序受病毒的感染、网站受黑客的攻击等非安全因素的发生。

（四）馆藏档案数字化方案的确定

1. 全部馆藏数字化

采用此方式是将传统的档案馆全部馆藏信息数字化，建立数字档案馆，完全继承传统档案馆的全部信息资源。这是理论上最彻底的数字化方案，对利用者来说是最理想的。这种方案比较适应那些馆藏档案数量较少，开放档案占据绝大多数馆藏档案的档案馆。对于那些馆藏数量众多、利用率较低，且档案数量大、须要控制利用档案的数量较多的档案馆，从降低成本和效益的角度来考虑，不一定是最佳策略。

2. 高利用率馆藏数字化

这种方案在一定程度上可以起到降低成本、提高效益的作用，但具体实施有一定的困难。一般来说，不同用户所需要的档案信息，在范围和重点方面有不同的特点，且对不同类型的档案信息的使用频率也不同。另外一部分高利用率的档案具有时效性。因此，档案馆向利用部门提供一份较长时间的利用反馈报告，可能会有助于对馆藏高利用率档案的合理选择。

3. 珍贵馆藏数字化

从理论上说这是最合适的方案，其难点是对"珍贵档案"必须具有可操作性的诠释，这种可操作性应是建立在对馆藏档案资源熟悉和价值判断的基础上。一般来说，那些高龄档案，涉及某一地区重要机构、重大事件和重要任务的档案，在同类档案文献中较为稀少的档案等，都可以列入珍贵馆藏之列。一般来说，这部分档案的利用率是很高的。

4. 即时利用数字化

即对部分档案不数字化，只是到利用时才进行数字化。这是最具功利色彩的"用户至上"方案。所有用户不需要的馆藏均被排除在外，这是该方案最突出的优点，但也是最致命的弱点所在。用户的即时需求有很大的偶然性，过分考虑这一需求，无疑会提高档案馆数字化的经济成本。

总之，选择什么样的信息化策略应根据实际需要来定，不考虑实际需要单纯地选择某一种方案都会导致片面，如何兼顾馆藏具有永久价值的档案和用户当前的信息需求，将几种数字化的方案有机地结合起来，才是馆藏档案数字化的最佳方案。

（五）数字档案馆建设

1. 数字档案馆的定义

广义的数字档案馆是指存储、利用档案信息资源的信息空间，是一个由众多档案资源库存、档案信息资源处理中心、档案用户群构成的数字档案馆群体。这个数字档案馆群体是建立在现代信息技术普遍应用的基础上，利用数字化手段，以综合档案信息资源为处理核心，对数字档案信息资源进行收集、管理，通过高速宽带通信网络设施相连接和提供利用，实现在线资源共享的超大规模、分布式数字信息系统。简单说，就是利用电子网络远程获取档案信息的一种方式，因此，广义的数字档案馆不是一种物理存在，而是一种虚拟的信息组织与利用环境。

狭义的数字档案馆是指某个具体的个体档案馆，除了馆藏档案数字化外，还涉及档案信息的采集、整理、存储、检索、传递、保管、保护、利用、鉴定、统计等全过程，代表的是一种信息环境和基础设施的构建，包括软硬件系统的设计和组织实体的建立，具体内容有：对应归档的电子文件及其元数据，开展馆藏档案的数字化，实现馆藏各种档案实体的自动化管理，以网络连接并提供各类档案信息资源，组织对数据的有效访问。

2. 数字档案馆的特点

数字档案馆的特点有以下四个：第一，接收档案的数字化程度高，即档案馆可以及时对政府和立档单位的电子档案、电子文件实行卸载报盘接收，或网络在线接收；第二，档案信息在线共享程度高，即不仅可以接收在线的网上信息，而且可以与众多的档案信息资源库相连接，或借助档案目录中心的构建形式，实现广泛的信息资源共享；第三，对不同信息技术的容纳程度高。数字档案馆以信息技术为基础，充分利用了多媒体信息处理技术、数据库技术和内容的检索技术等；第四，实体档案的数字化程度高，即利用者借助计算机检索系统，可以实地或在线查阅到丰富的档案目录信息和档案全文信息。

3. 数字档案馆建设的内容

数字档案馆建设的内容十分广泛，主要有基础设施建设、应用系统建设、信息资源建设和标准规范建设。

（1）基础设施建设

数字档案馆与一般的档案馆相比具有海量存储、用户多和长期接收服务请求等特点，需要稳定可靠、可扩展的运行系统做保障。基础设施建设包括网络更新建设、硬件更新建设和系统软件建设等。数字档案馆网络工程的建设根据服务对象的不同可分为三个层面：即档案馆内部网，与政府各职能部门相连接的政务网和与互联网连接的外部网。这三网之间适应物理隔离，并各司其职。硬件设施主要包括数字化加工设备、网络设备、服务器、存储设备和输出设备。系统软件包括计算机的监控管理程序、调试程序、语言翻译程序、数据库管理程序、数据通信程序及操作系统，其中计算机操作系统是系统软件的核心，它独立于计算机，是控制和组织计算机活动的一组程序，是用户和管理的接口，是整个系统运行的基础。

（2）应用系统建设

数字档案馆的应用系统是一个可根据需求进行扩展的网络应用系统，其功能通常包括档案的数字化加工，档案信息的收集、录入、检索、利用、编研，具有可扩展和使用特性。应用系统的开发必须具备开放性和扩展性、易用性和易管理性、稳定性、安全性等。

（3）信息资源建设

信息资源是数字档案馆的核心资源，因此，信息资源的建设是数字档案馆建设内容的核心。信息资源主要来源于传统档案馆馆藏、各立档单位的材料、专题信息数据和政府公开信息等。首先，传统档案馆收藏的大量纸质、音像微缩等传统介质的档案资源是数字档案馆重要的信息资源。通过多媒体技术和数据压缩技术等手段，将可以公开的馆藏载体的各种文献数字化，能充分发挥档案馆的资源优势，加强熟悉档案馆的资源建设工作。除传统介质的档案文献外，各传统档案馆馆藏的各种在电子环境中生成的电子档案也是数字档案馆的重要采集范围。其次，各立档单位的档案文献和目录也是数字档案馆的重要收集内容。随着办公自动化的广泛普及，各立档单位产生大量的电子文件和电子档案，按照档案移交的有关规定，按年限通过网络或介质向档案馆移交，其中包括档案文献全文或文献目录。再次，专题档案数据已经成为档案馆资源建设的新生力量，其中包括各种备受社会关注、社会利用需求集中的具有档案性质的政府或行业信息。专题信息数据包括全文信息和目录信息两种，且大多以电子形式报送传统档案馆。最后，政府公开信息。各政府职能机构现实产生的可公开政府信息，尤其是其中的行政规范性文件易被社会各界所关注，其查阅量大、需求集中、访问量多，在一定时间段内，已经接近甚至超过档案文献的利用率。政府公开信息大多生成于电子环境中，并以电子文献形式报送传统档案馆，所以，将越来越成为数字档案馆资源建设的重要来源。

（4）标准规范建设

标准规范是实施数字档案馆工程的重要基础之一，面对数字档案馆资源形式的多样性及社会对数字资源共享要求的广泛性，传统档案馆应根据国际标准和通用标准规范，确保数字资源内容的长期保存、数据交换、资源管理和安全实用。一个完善的标准、规范体系的制定，应借鉴国内先进的相关标准、规范，考虑国与国之间信息化接轨，优先采用相关的国际标准、规范，并在使用过程中进行必要的本地化工作。数字档案馆的标准化建设，包括管理性标准规范、业务性标准规范和技术性标准规范。

四、信息化的具体措施

（一）需要型措施

档案信息化是社会信息化的重要组成部分，因此，它与其他信息化的建设部门有许多相同的地方，为了在信息化的过程中少走弯路，减少失误，我们必须吸取成功者的经验和教训，对自己所选用的档案管理系统有比较深刻的认识，并对本单位的实际需要进行个性化的处理。这是一项行之有效的实施方法，但绝不是直接的照抄照搬。被选用的方案是在充分了解本单位情况的基础上，再借鉴其他单位成功与失败的经验教训，选择适合自己的管理系统来开展本单位的信息化建设，坚决反对照抄照搬的拿来主义或者过分强调自己的个性习惯又不符合标准，这两种做法都是脱离了实际需要的错误做法，都是不现实的、不可取的。

（二）有效化的措施

在档案信息化的实施方法上，要结合本单位的实际情况，比如人才队伍状况，目前档案工作开展的实际情况，且不可偏颇任何一种实施方法。在选择实施策略上应根据本单位的技术力量状况，如果本单位的技术力量比较薄弱，就选择现成的软件系统或者对外承包的实施办法，充分利用外在的专业化资源，不仅能够在短时间内实现快速实施与应用，还可以降低实施的成本。如果本单位的技术力量较强，建议采取自主与外包相结合的实施方法：对于专业性强、功能复杂、开发周期长的系统，可以采取外包的形式，降低实施成本，提高实施效率，在开发的过程中本单位可以派人参与软件的开发和项目跟踪，了解设计的细节，为交付使用后系统的更新和维护打下良好的基础；对于专业性不强，设计的流程较为简单，开发周期短的系统采取自主开发的方式，这样不仅节约了购买软件的经费，而且在开发的同时培养了自己的技术人才，加强了本单位的技术队伍力量，无形中也培养了本单位的业务骨干。

（三）过程化措施

1. 加强宣传过程

使大家充分认识到信息化策略实施是国家信息化策略的重要组成部分，充分认识信息化的目的和意义，认识到管理的规范化给社会带来的良好的经济效益，认识到落实信息化策略的实施工作不仅是当前形势发展的需要，同时也是档案信息化建设的需要。

2. 加强培训的过程

加强对工作人员的业务培训，比如计算机技术的培训、档案管理软件的使用培训及安全技术防范措施的培训。

3. 规划制订过程

根据业务需求进行咨询和总体规划，其中包括信息安全、资源需求、系统功能等，可以了解同行业的实施情况，或通过咨询公司的规划，然后再有针对性地开展工作。

4. 购买软件的过程

在充分调研的基础上，结合本单位的实际情况，选择那些售后服务信誉比较好的大公司，比较有发展前途的扩展性好的硬件和软件系统。

5. 选择示范，以点带面

根据工作的实际需要，选择那些比较重要的部门来实施，先树立一个示范的典型，然后以点带面、全面突破。在成功示范应用的基础上，根据馆内业务的发展需要，逐步把信息化建设扩展到整个单位的每一个部门。

(四) 应用型措施

档案信息化建设的目的是更好地利用信息资源，在实施的过程中容易出现信息化建设与档案业务的管理脱节的现象，把信息化与业务管理分割开来。这种现象的出现主要有三种情况：第一种情况是信息化宣传归宣传，业务部门根本没有执行，仍然按照原来的工作方法和思路开展工作，为了名义上的信息化建设，只是把档案信息的目录录入系统，档案管理者根本不关心管理信息系统运行的情况，最多是利用查询模块查询一下档案信息；第二种情况是对于购买的信息软件只使用很少的一部分功能，比如基础信息和查询模块等，对于信息的整个流程化的管理过程不了解；第三种情况是一些单位信息化的热情很高，舍得花钱购买贵重的应用软件，而实际应用的部分很少，在操作时仅限于目录数据的录入并将此部分数据导入系统，以此来满足数据上网数量检查的要求，而档案信息系统中大量的功能如流程化管理、全文管理和全文检索都没有使用，运行几年后还要面临系统的更新换代，造成了投资上的浪费和信息资源的严重流失。造成这些情况的原因是没有从本质上真正理解信息化的含义，也没有将业务管理与信息系统真正地融会贯通，而是隔离开来甚至是对立起来，其结果造成人力物力的极大浪费，不但没有感受到信息化带来的方便快捷，反而把人变成了档案的奴隶，无形中加重了管理人员的负担，在一定程度上挫伤了档案人员信息化建设的积极性，为信息化建设造成了负面的影响，因此如何应用好才是信息化建设的关键。

(五) 落实型策略

档案信息系统的实施与应用过程中最易出现"两张皮"现象，即将信息化与业务管理分离开来，认为是两件事情，出现一些极端现象。第一种现象是业务部门照常按照原来的方式开展工作，雇用临时人员来录入数据，档案管理者几乎不关心管理信息系统运行的任何情况，顶多使用查询模块查一下档案的信息；第二种现象是，业务部门的工作人员仅仅使用很少的一部分功能，如基础信息的录入和查询模块，对于管理信息系统中流程化的管理思想全然不理解；第三种现象是，有些单位花费巨资购买来功能强大的信息管理系统，实际操作时仅习惯使用 Excel 简单的桌面系统，只将已录入的数据导入系统中，满足所谓的数据上网条数检查的需求，而档案信息系统中大量的功能如流程化管理、全文管理和全文检索没有用起来，几年后系统又面临着拓展、更新甚至淘汰，造成了投资上的浪费和信息资源的损失。实际上应用的不深入本质上是没有将业务管理与信息系统融会贯通，而是隔离开来甚至对立起来，结果花费大量的人力物力来维护系统和数据，使人成为档案数据的奴隶，没有真正发挥信息技术的作用，反而成为管理人员的负担。

（六）兼顾型措施

科学技术的发展使人们越来越考虑人的因素，即"以人为本"的理念越来越受到开发商的重视。随着人们需求的多样化，一些个性化的产品、个性化的界面、个性化的业务流程和功能模块遍布整个市场，这就与档案信息化管理标准的规范化相矛盾。因此，如何认识和处理个性化和标准化之间的关系也是档案管理信息系统实施过程中的一大难题。这个矛盾的解决，必须在实施的过程中找到一个既能满足个性化要求，又能满足档案管理规范化的平衡点，才能促进档案业务与信息技术的融会贯通。而选择平衡点的前提是，档案部门应制定适应时代变化的标准和规范，档案管理者也应严格遵守行业规范以开展业务管理工作，个性化则是在标准规范的基础上根据管理需要进行扩充，个人习惯如果与标准背离应彻底改变。因此，在信息化的过程中，要正确处理好标准化与规范化的关系、安全与应用之间的关系，当个性化与标准发生冲突时应首先考虑标准化的原则，即个性化适应总体化的原则，只有这样才能解决好个性化与标准化的关系，保证信息化建设的顺利进行。

第二节 档案信息化的实施途径与过程

一、档案信息化实施的原则与方法

（一）实施的原则

在档案信息系统实施的过程中，应在遵循信息化建设总体原则的基础上，采取有效的技术型原则以推动系统的成功实施。下面介绍四项非常有效的基本原则：

1. 务实导向，重视实效

系统的实施以安全、稳定、实用、方便、易操作为主要目标，过分追求大而全、先进的软件产品，是一种不务实的做法。这主要是由于需求不一样，行业有差别，同时信息技术、软件产品的更新换代非常快，市场上会不断有新产品出现。

2. 软硬件资源共同建设

系统的实施过程中不仅要重视硬件平台的建设、设备的购买，更要注重在人力资源和软件系统方面的投资。IT 人才、档案管理者是信息化建设的核心力量。软件系统的技术含量，现代化的管理理念更是应该重视，只有硬件设施平台是无法开展信息化管理工作的，软件系统是硬件系统发挥作用的心脏，因此应重视软件系统的开发及其升级的投资。

3. 从实际出发，重视需求

信息系统的实施要从当前的业务需要出发，提前做好需求分析，并在一定阶段的实施过程中，锁定相对需求来开展实施工作。边研发、边实施、边改变需求的做法只能得到事倍功半的效果。而对于变化较大、新增加的需求，要放在下一阶段进行。

4. 重视维护，升级换代

随着信息系统的不断应用，档案管理信息系统也在迅速地发展，而其中的难度也在逐渐增加，软件系统的安全、客户化订制等工作量比较大，也比较复杂，非专业人员很难做到专业维护；另外，随着应用的不断深入，这就须要加强软件系统的拓展。因此，购买软件系统的同时，要购买相应的实施、维护服务，以开展有效工作，支持系统拓展和业务的发展。

（二）实施的方法

档案信息化建设有两种不同的策略和实施方法，即以组织战略为导向的战略推动类型和以实际业务需要为导向的需求驱动型。

1. 战略推动型

战略推动型的实施方法采取的是从整体到局部的实施路线。首先强调在观念、目标和方向的认识达成共识的基础上，逐步将工作分阶段实施、分阶段完成。采用战略驱动型的方法实施的前提是，整体的目标和规划不仅要从全局出发，而且更需要符合档案管理机构的实际需求，既要注重发展的前瞻性，又要注重当前的实用性；一般来说，对实施战略管理的人员要求较高，既要有行业发展的规划能力，又要有信息化体系的架构能力，需要懂管理、懂业务、懂技术的专业档案管理复合人才。

2. 需求驱动型

需求驱动型采取的是从局部到整体的实施路线。真正意义上的"战略驱动"实施方法并不是不允许在实施过程中坚持"永恒不变"的策略，而是根据实际需要和业务变动的需求进行机制的调整和完善，因战略与规划制定落实的过程往往需要很长的时间，而信息技术在发展，档案业务也在改进，管理模式在变革。因此实施的过程中必须根据需求的变化而有所变革。

目前我国档案信息化建设正在走向标准化和规范化，"战略推动""需求驱动""总体规划""分步实施"成为主流实施策略。各档案管理机构应紧密结合全国档案信息化的发展战略，将档案信息化纳入本单位档案信息化的全局，制订适合本单位业务发展要求的信息化规划和信息系统的实施方案，并在实施和应用的过程中，将以"务实"为导向的自我调整的策略贯穿信息化建设的始终。

二、档案信息化的实施途径

（一）整体引进模式

这种模式是选择具有丰富经验、信誉度比较好的开发商，由其提供或统一购置档案管理商品化的软件及其软硬件设备，由专业化的实施队伍负责项目的完整实施。好的软件一般是具有丰富经验的管理专家和高级专业计算机技术人员共同开发的，软件本身蕴含了许多先进的管理思想和手段，针对档案室提供各种功能的模块，这些软件模块为档案流程的优化与重组提供了可借鉴的参考模型，能够在较高的层次上提升档案管理的水平，而且软件已经拥有相当大的用户，经过实际的考验一般都比较成熟与稳定，质量有保证；售后的维护比较有保证，又有利于档案信息系统的更新。但商品软件追求通用化，其功能无论在方位上或在深度上常常使档案管理部门的需求仅得到部分满足，但系统的实用性不强，更难以形成特色。在具体的实施过程中，单纯依靠软件的提供商可能出现用户过分按照软件提供的立项模式行事，而忽视档案管理的具体实际，或软件提供商过分依从用户的所谓特色，造成软件的先进性、通用性消失。另外这种模式由于没有源程序代码，给系统的后期维护和二次开发造成一定的困难。

（二）自主研发模式

采取自主研发模式的单位一般是本单位的技术力量较强，具备较强的软件开发实力，这种研发的模式一般是单位自己根据档案业务管理的需求进行订制开发，并随着业务的不断开展，对系统不断进行完善和改进。此模式适合业务比较特殊和有特殊需要的档案部门。这种研发模式的优点是能充分考虑本单位的业务工作需要，针对性强，系统实施相对比较容易，可以考虑到本单位使用细节问题，其风险较小，可以培养自己的研发队伍，对今后的系统维护和更新都能及时到位。缺点是由于大多数档案管理队伍的人员结构不合理，往往是业务人员多，技术人员少，尤其是高技术的系统开发人员更少，而技术人员不仅要开发系统，还要跟踪现代信息技术的发展，进行系统的维护，考虑系统的安全备份等问题，并且自主研发的工作量较大，开发的周期较长，相对成本比较高，并且自主研发人员不是专门的研发公司人员，在系统的开发过程中，与社会上的先进软件相比还是具有一定的局限性。

（三）对外承包的开发模式

采取这种模式的单位一般资金比较雄厚。采取的方法是购买社会上开发好的现成软件或者选择一家软件公司，按档案业务实际需求订制开发，也就是说，把档案信息系统的开发工作对外承包出去。这种模式对档案部门的工作人员要求不高，在数据的备份和系统的维护方面主要是聘用专业的技术人员来做，或委托给专业的公司。

这种方案适用于业务比较简单的档案馆，它的优点是充分利用了外部 IT 公司的力量，开发的时间较短，降低了开发的成本；缺点是如果不注重培养自己的研发队伍，而研发单位的人员不熟悉档案业务，开发系统的实用性较差，而档案机构人员对信息技术的认识不充分，很难提出比较好的建议，难以对开发单位的需求和设计资料进行准确的评价，往往是到使用的过程中才有较为准确的需求，给实施完成后的正常运行带来困难，同时也浪费了资金的投入。为了解决好开发与使用之间的矛盾，档案部门在选择开发机构时应选择开展档案信息化解决方案的专业开发商，注重考查该公司的咨询和售后开发能力，要求他们不仅有咨询能力，还要有一定的培训能力，促进档案管理人员尽快理解和掌握系统的管理思想和应用模式，还需要提供长久的系统更新能力和良好的售后服务能力。

（四）外包与自主研发相结合的模式

这种模式也称为混合型模式。即信息化的项目在档案机构立项，委托第三方公司在其商品化软件的基础上，针对本单位的档案业务现状和业务发展需要进行客户化的订制和开发。采用此类模式的档案部门一般来说是基础条件较好，相对来说资金比较充足，这也是目前档案管理采用较多的一种模式。这种模式的优势在于由开发商解决技术难点，对开发过程进行科学的安排和严格的控制，这样既解决了档案机构开发队伍经验少、技术力量薄弱的问题，又为档案部门培养了懂业务、懂技术、懂管理的复合型人才。同时档案管理机构还可以拥有信息系统的知识产权，更重要的是，软件的开发切合用户的实际要求，系统未来的运行和维护也有保障。目前规模较大的一些综合档案管理机构大多采用此种模式，使用的事实证明这种混合性的实施模式是目前比较理想的。

三、档案信息化实施的过程与策略

实施过程是在国家信息化政策的总体规划下，按照信息化建设的整体要求来确定档案信息化建设的战略目标、总体规划，在人员、技术、资金、环境等各类资源已经具备的情况下来开展档案信息化建设与档案信息管理系统的应用。

（一）信息化实施的过程

1. 正确理解国家信息化战略与档案信息化之间的关系

首先要正确地理解国家信息化战略与档案信息化建设的关系：国家档案信息化战略为档案信息化目标、远景及职能的拓展、业务流程的转变的完整融合，它描述了档案信息化的目标与方向、信息体系结构、技术路线、操作方法、信息化过程的内部操作标准、软件系统的评估方法和考核的指标体系等众多"软性"的规划和策略。其次要正确理解档案信息化规划与信息系统规划之间的关系：信息化工作实际上是信息化战略的执行过程，它所研究的内容与信息化的战略有非常强的相关性，在战略体系下的具体软硬件系统设计过程，是在信息化战略的指导下，分解总体目标，针对不同的业务内容、工作流程提出功能模式，做出系统建设的成本预算，制订系统的实施计划，确定系统的组织、管理、选型方案、评估标准和过程控制方法。

总之，系统实施是信息化建设的重要内容，是完成系统建设并投入使用的关键业务过程。其成功实施标志着信息化战略与规划决策的正确性，也标志着信息化进入实质性的运行阶段。

2. 从思想上充分认识档案信息化建设的艰巨性和复杂性

档案信息化建设是一项历时较长、涉及面广、内容复杂的系统工程，而档案管理信息系统的实施与应用，是以档案业务为核心，以计算机技术、网络技术、信息技术为手段，以现代管理为指导，以提高档案的利用率和利用价值为宗旨而开展的一项划时代的业务革命，其最终目的是提高档案的信息化管理水平，挖掘档案的社会价值，提高全民族的文化素养，推动社会进步，改变经济增长模式，适应信息社会发展的需要。AMIS（基于代码生成器的快速开发平台）的实施与应用是涵盖计算机工程学、项目管理学、档案管理学、信息技术等多学科知识在内的系统化应用工程，在应用和实施的过程中严格遵循软件项目管理的先进理念，并将多学科知识融会贯通到档案管理信息系统实施与应用的每一个环节。这就要求参与档案管理的所有人员，特别是信息化项目的主要责任人必须从思想上认识到信息化建设的艰巨性和复杂性，在思想上、认识上和行动上做好迎接挑战的准备。

（1）要从思想上充分认识到信息化是一项具有划时代意义的新型工作

档案信息化最终的目的是提高档案的现代化管理水平，挖掘档案的价值，提高全民族的素养，推动社会进步和改变经济增长的模式，适应信息社会发展的需要。充分认识到档案信息化带来巨大的社会经济效益的同时，也给各级领导和基层的工作人员带来工作上的方便性和灵活性，使每个从事档案管理的人员都真正成为信息化的受益者，从而达到统一思想、统一认识的目的，确保档案信息化工作的顺利开展。

（2）加强档案管理业务的学习

信息系统的应用是实现档案信息化的基本手段，其一切活动的开展必须服从档案业务的全过程和未来信息发展的需要，信息系统的应用要求档案管理者必须是懂业务懂技术的复合型的人才。如果说信息专业技术人员将软件系统设计完成后，仍然对档案业务及其知识一无所知，对档案管理流程含糊不清，那么他所设计的系统一定无法使用。因此，档案技术人员在开展信息系统的基础工作时，必须加强对档案管理业务的学习，在了解、熟悉、分析和发展档案业务和档案学基础知识的基础上，综合运用档案学、信息技术、计算机技术、网络技术等知识，加强对档案管理的理论、原则、策略、方法等内容的进一步探讨与研究。

（3）加强网络信息技术的培训

在信息化背景下，档案管理人员必须加强网络技术知识的学习，提高自身的管理水平。档案信息化是一个系统的复杂工程，其过程包括可行性的论证，系统的规划，详细的设计、编码、实施、应用和持续性的维护等多个阶段，每个阶段都涉及多方面的技术知识的渗透、融合与综合利用。

同时整个信息化的建设过程也是一个不断完善和逐步发展的过程，所有参与人员无论是管理人员、操作人员、系统设计、系统开发和应用实施人员都必须了解和清楚各个环节的紧密关系和各个业务功能模块的来龙去脉，重点掌握自己业务范围内和所操作的系统功能模块的基础知识，才能使整个系统顺利运行并不断得到应用和完善。

（4）加强档案信息资源的建设工作

档案信息化建设涉及的内容非常广泛，而且这些内容会随着社会时代的不断进步发展而得到不断的丰富，档案信息化建设面临的任务很艰巨，困难也很多，因此，我们要有重点地突破，把信息资源的建设当作核心工作来抓，实现重点带面的良好局面。在信息已成为重要的社会资源的背景下，档案信息作为一种原生信息，正发挥着越来越重要的作用，把国家的档案资源建设好是档案管理的中心任务。这项工作主要包括三方面的内容。一是要加快现有档案馆藏文件级目录数据库和全文数据库的建设，以满足快速检索利用的需要。二是有条件的档案部门，要积极推进那些重要的、容易受损的、利用频率高的档案数字化进程，加强重要档案的保护，提高档案的利用率。三是对新产生的电子文档，要采取科学的管理方法和利用现代技术手段，收集好、管理好。随着信息技术和电子政务的不断发展，电子文件将是未来数字档案信息新的主要来源。管理好、利用好电子文件将是档案工作在信息化时代一项至关重要的任务和面临的重要课题。各级档案部门要积极介入本地区本部门电子文件的产生过程，加强对电子文件的积累、鉴定、著录、归档等环节的监督、指导，保证归档电子文件的真实、完整、有效。要研究探索电子档案的接收、保管、利用的技术方法，为电子档案的保管做好准备工作。

（5）不断提高档案信息化的服务水平

档案管理是一项服务性的工作，它的根本任务是为国家建设和社会的发展提供可靠的信息服务，在信息资源共享成为社会发展趋势的背景下，档案信息资源因其独特的价值而日益受到社会的关注，档案信息资源的社会共享已成为国家档案事业适应社会信息化发展潮流所亟待研究的重大课题之一。随着社会经济的不断发展，社会信息意识不断增强，为信息资源的社会共享提供了良好的发展空间。新时期档案管理应做到：经济建设发展到哪里，档案管理就延伸到哪里；政治建设发展到什么阶段，档案管理就服务到什么阶段；文化建设发展到什么水平，档案管理就服务到什么水平；党的建设对档案管理提出什么要求，档案管理就提供什么服务。为了更好地实现档案信息化建设的目的，我们应根据社会信息化的客观趋势，在不断优化传统的档案服务方式的基础上，与时俱进地促进档案管理的创新。要实现档案服务方式的创新就必须更新服务理念，整合档案资源，兼顾需要与可能创新档案服务模式，实现档案服务工作质的飞跃，使档案信息资源的社会化共享逐渐由理想变为现实。

（6）安全保障体系的建设

档案作为人类历史的记忆和现实工作的支撑，其信息的安全性至关重要。因此，在管理信息系统实施与应用的过程中，应保证档案信息不流失到非保管单位和个人，应确保档案信息安全并可读取，应确保档案信息分权限管理和分权限查询、浏览及检索利用。这不仅要对档案管理信息系统提出安全保障要求，更重要的是实施单位的安全管理措施要加强，安全管理方法要得当。

安全保障体系的建设是档案信息化建设的重要内容之一，各级档案部门在开发利用档案信息资源和网络系统建设工作中，必须提高信息安全意识，防止失密、泄密及档案丢失现象的发生。要保证信息的安全要做好三方面：首先，要加强安全保密技术的应用，依靠先进的技术手段，在档案网络技术建设中，必须充分应用信息安全保密技术，解决好档案信息传输与存储安全保密问题；其次，要建立完善的保密制度，各级档案部门在信息化建设的过程中必须制定针对性强、操作性能好的信息安全保密规定，确保档案信息的安全；最后，要建立严格的管理制度，各级档案管理部门要加强档案著录标引、数字化转换、档案网络信息公布等过程中的安全管理，实行安全责任制。非公开的档案信息一律不准在网上提供，已公开的档案目录或全文查询服务，要认真采取安全防护措施，实行严格的授权管理体系，确保档案信息和系统的安全。

我们要把档案安全问题提到议事日程上来，任何时候都不能有丝毫懈怠，越是在信息化程度日益提高的情况下，越要全面兼顾档案的实体安全和信息安全。要严格执行档案安全保管的责任制度，杜绝一切事故的隐患；严把档案利用审查关，不该提供利用的档案坚决不能提供利用；要严格执行"三网"隔离制度，采取可靠的防范技术和措施，确保档案部门的网络信息安全，对面向公众的网上信息进行严格的审查，确保上网信息的安全性。

3. 加强资源建设

（1）人才资源建设

档案信息化管理系统改变了传统的手工操作方法，因此，对档案管理人员的整体要求比传统的管理要高，因为它的应用要涉及许多方面的知识，需要有变革的管理思路。这就要求档案管理机构转变管理理念，档案管理信息系统本身就蕴含着现代管理思想，比如归档流程的自动化、信息著录标准化及信息著录的一致性、系统集成等现代管理理念。它的成功应用在对其进行深刻理解的基础上才能见到明显效果，这不仅要求决策者而且要求业务人员能够接受和理解。要在认识上进行转变。档案管理者在充分认识到网络化应用带来方便的同时也带来一些新的问题，认识到提高档案管理信息系统是提高业务服务效率与质量的手段，认识到资源共享的重要性，认识到须要不断地学习新的知识，认识到有了档案管理系统做助手，档案业务人员才能将工作的重心转移到钻研业务、深层次管理开发利用上。

总之，要建立一支既熟悉档案业务又懂信息技术的人才队伍，不断提高档案管理部门人员的素质。一方面，应通过实施各种培训，提供各种学习条件使档案管理人员能够很快熟悉掌握信息技术的理念、方法和思路；另一方面，应大胆引进信息技术、网络技术等方面的人才，将信息技术融入档案业务管理中，真正做到业务技术双精通，做到各尽其用。

（2）信息资源建设

网络环境的核心资源是档案的数据和信息，它们是网络环境的基础资源，离开了这些基本资源，网络信息化就成了无源之水。在实际运行的过程中，不是所有的档案部门都能重视这些基本资源的建设，有一些单位在规划实施甚至已经购买了设备和软件后，还未将档案的目录进行整理，系统就被淘汰了，更不用说电子文件的管理了。因此，各单位在建设网络环境之前，必须将基础数据录入档案专用服务器中，建立分类数据库，为以后应用网络管理系统打下良好的基础。

在数据信息录入的过程中必须遵循标准化、规范化的原则，这也是国家对档案信息化建设的基本要求，并不是所有的信息化单位都能够做到，在一些使用单机版的单位，其档案数据在遵循标准和规范方面离国家规定的档案管理目标还有很大的差距。因此，在进行网络化管理信息系统时，必须提前做好录入数据的规范性工作。

数据的整合也是网络化之前必须做的工作之一。数据的整合就是按照标准、规范及网络化资源共享的要求，将同类和相关数据进行整合，将数据字段整理出来，进行合理的分类。也就是将原来一个个独立存在的数据进行分类整合，并抽取其中规范的数据字段以方便统计，这项工作也是档案信息资源建设的基础工作。

（3）安全资源建设

一个安全、稳定、可靠的信息系统，是顺利开展工作的可靠保证。网络版的档案管理信息系统必定需要支持网络化应用的数据库管理系统，目前有的解决方案只将档案目录信息存储在关系性数据库中，而将电子文件全文存储在文件服务器中，这样又多了一层数据管理，这些数据一旦出问题，系统也就失去了存在的意义。因此，必须制定相应的档案管理信息系统的安全保障措施，才能保证档案信息的安全和信息系统的安全，才能保证信息化战略的顺利实施。

（4）设备资源建设

网络是信息化的基础设施，拥有一套可靠、稳定、安全的网络设备是档案信息化的基本保证。由于使用单位的情况各不相同，因此，在建立本单位的网络体系时应根据实际需求状况和本单位的发展需要，构建适合自己的网络运行环境，这样既能保证目前的正常使用，又能为将来的网络扩展创造条件。

一般来说，网络布线、端口设计、设备摆放等网络基础设施的建设，在设计建楼时已经考虑到并予以实施，但在使用的过程中也会随着需求的不断变化而逐步调整。对网络设备的购买，最主要的是结合本单位的实际需要来购买，在购买的过程中一定要严把质量关，确保购买的设备是先进的合格的产品，绝不能为了贪图便宜以次充好，结果造成工作过程中故障频繁，那样就得不偿失。最后是警钟长鸣的安全问题。一般来说，网关、防火墙、入侵检测等安全产品是网络安全保证的基本需要，如果将本单位的计算机接入 Internet 而没有采取任何的保障措施，那是非常危险的做法，也是违背安全保障工作条例的。

（二）信息化实施的策略

1. 提高认识、需求驱动策略

管理信息系统是实现现代档案管理的一个重要工具和手段，它能给档案管理带来多少效益取决于两方面：是所选择的管理信息系统是否适合本单位的实际情况并具有先进性，二是档案管理人员采取什么样的理念来应用它。更重要的是应充分认识到网络、计算机及档案管理信息系统本身并不是万能的，它需要人们在充分认识的基础上，按照需求驱动原则结合实际工作为它的功能进行准确定位，才能更正确地使用它，才能真正发挥计算机的先进作用。

2. 总体规划、分步实施的策略

档案管理信息系统是档案管理信息化的基础，它的应用与实施都必须围绕信息化建设的总体战略规划来进行，必须按照整体规划、分步实施的原则，在实施的过程中，要有选择地挑选基础工作做得比较好的部门来进行重点建设，并将其成功经验加以推广。

首先，必须强调分步实施一定要从总体规划出发。信息化规划的目的是为信息化实施提供指南，那么规划与实施之间应是规划先行，实施紧跟其后。在选用应用软件时，就应该从整体的需要出发，避免脱离目标而陷入实际的困境；应该从业务变革出发而不是从技术变革出发，以有利于充分利用组织的现有资源来满足关键需求。不坚持这两项原则就很难实现信息资源的综合利用，也无法适应社会利用档案变化的多端需求。另外，总体规划必须科学、务实，对分步实施才能有指导和依据作用。因此，信息化整体规划必须在设计上提供一个高度集成的、统一的、满足信息化管理整体需要的弹性应用框架，才能使分步实施、有的放矢。其次，要讲究实施的策略。总体来说，长远规划、重点突破、快速推广是一种有效的策略。应该选择那些需求迫切、能较快实现业务流程整合和现阶段信息化应用较好的领域加以突破。在阶段实施的步骤上，由于数据库的建设是一项艰苦的长期工作，不能马上见效，所以可以先抓网站的形象建设，以引起领导重视，增加投入。最后，要注意分步实施的系统之间的衔接问题。时间上的分阶段实施要注意前后系统的衔接问题；空间上的分阶段实施则要注意不同单位和部门之间所开发系统的标准化问题。

3. 转变观念、与时俱进的策略

社会信息化建设的不断发展，使人们对信息化建设的认识也在不断深入，人们只有转变陈旧的管理理念，不断加强自身的综合素养才能跟上时代的发展步伐，这就要求档案管理部门的领导能正确认识到信息化建设的社会效益，同时多给档案管理人员提供学习的机会，让更多的人认识到档案信息化的重要性，确保在实施和应用档案信息化系统时做到：主管领导对档案信息化建设和管理信息系统的应用有足够的理解和指导能力；业务部门的领导能够制订规划并组织实施；档案管理人员能够配合。

4. 抓住机遇、勇于探索的策略

档案信息化建设的顺利开展必须在基本条件具备的情况下才能进行，因此，抓住合适的机会开展信息化建设和网络化应用是非常重要的。特别是对于那些正处于采用什么样的方案、选择什么样的软件系统入门的初级用户就更加重要。网络化应用首先是需求驱动的，并且是在档案业务管理比较规范、人员素质较高、业务流程清晰、标准规范严格、基础数据准备充分、网络及设备资源基本具备的情况下才能开展起来。因此，无论是正在开展信息化建设还是正准备开展信息化建设的档案部门，都应抓住时机积极开展，才能取得良好的效果。

看一个单位开展信息化建设的时机是否成熟，主要看它周围的环境因素是否成熟，即人、财、物等方面是否具备，而具体需要什么样的条件取决于系统实施的内容、范围、应用规模及当前业务的规范程度等。特别是建立网络化的信息系统，涉及的人员比较多、系统的功能相对比较复杂、需要购买和配置数据库的服务器及文件服务器等，实施的过程也比较复杂，这须要根据实际情况来确定资金、人员和设备、网络资源是否具备条件，同时还要考虑本单位当前业务需要和未来的发展需要，因此制订总体规划是十分必要的，这样可以确定近期和远期的发展目标、系统功能、工作计划、实施的范围、工作的内容、搭建软硬件的环境及管理人员的培训费用，进行风险分析，确定开展工作的策略和方法。

5. 安全的保障体系、实行专业化服务的策略

在社会信息化背景下，档案信息化建设势在必行，但采用什么样的措施才能保障档案信息在为社会提供利用服务的同时，保证信息的安全呢？这里的安全是指信息不被篡改、不流失。从"互联的程度"到与"因特网隔离"等信息安全策略应根据档案的密级、保管方式、加工处理及其存储方式等采取恰当的措施。为了保证安全采取"一刀切的孤岛式管理"的极端的、片面的安全管理策略是不可取的。特别是在数字化和网络化推广应用后，档案信息管理和维护工作量比较大，数字化加工的工作量更大，一些单位采取自己加工的方式，结果耗费了大量的人力、物力和财力，而且工期拖得很长，最终是得不偿失。还有系统的维护问题，包括网络、硬件、操作系统及应用系统都需要专业技术人员进行统一的管理和及时的维护才能保障资源的安全性。针对这种情况，市场上出现了专业的数字化加工、信息化应用服务的新技术公司，对一些有条件的、信息化工作量大的单位，在制定严密的安全措施和签订保密协议的基础上，委托第三方开展专业化技术服务是当前行之有效的解决办法。

6. 领导主抓的策略

档案信息化的实施与档案管理信息系统的应用几乎涉及本单位所有的工作人员，其中最难的是人的协调，而信息技术部门与业务档案部门之间能够解决的是业务上的沟通、系统上的理解和业务上的操作，但担任不同的职位、承担不同任务的人员从不同角度上对信息化的

认识和系统应用是很难达到完全一致的。因此，工作上的不足、思想上的抵触、认识上的缺陷、观念上的差异等将会造成工作无法进行下去，而这些问题特别是人、资金及重要资源等问题，只有拥有权力的"一把手"管理层，真正"融入"档案信息化的建设过程中，才能有效地解决。许多成功的案例也证明了这一点，只有坚持"一把手"工程，坚持管理层的参与与控制，才能将人力资源落实到位，才能将协调的难度降低、将 IT 资源达到最佳配置，信息技术才能真正发挥作用，应用系统才能得到深层的应用和广泛的普及。

第三节　档案信息系统实施的步骤

一、与信息系统实施有关的基本要素

（一）项目组织

项目组织与团队建设是项目启动工作的重要内容，也是决定整个项目能否成功的关键因素，每一个项目的实施，都涉及多方面的组织或个人的参与。为了确保项目进度，把好项目的质量关，控制项目的资金投入，监理方通常被聘请来全面监督项目的执行，因此，项目的实施至少会涉及建设方、用户方和监理三方的利益。

1. 建设方

承担信息系统建设的集成商或软件系统的开发商，其职责是提供商品化产品，为客户提供信息化解决方案，根据需要进行客户化订制、实施、操作等工作及实施软件系统并开展必要的咨询和培训等工作。

2. 用户方

客户是项目承担的主要对象，是档案信息系统实施与使用的最终机构。其主要的职责是根据自己的需要设立项目，并选择供应商、开发商及软硬件产品。客户是项目的出资方，也是项目成果的使用商，是项目最终的受益者。

3. 监理方

客户出资聘请的项目实施顾问和项目建设质量监督方，对客户负责。其主要的职责是监督和控制整个系统的进度、成本、质量等风险的综合要素，维护用户的权益，降低系统建设的成本和风险，提高系统实施的成功率。

总之，项目的成功开发，需要协调这些利益相关者之间的关系，选择平衡点，最大限度地调动所有参与者的积极性，减少项目实施过程中的阻力和影响。

（二）项目团队

项目的开发需要人才，这就需要建立一个强有力的工作团队，并有组织地展开建设。项目团队涉及的面很广，几乎包括所有的项目相关者，在项目实施的每个阶段也将组织相关的团体。在项目启动前成立项目委员会来分析项目的可行性，而在项目的执行过程中，项目经理就起着举足轻重的作用。

当前，在我国开展档案的信息化建设基本形成了两套体系：一套是开展信息化建设和运行维护的信息管理组织体系；另一套是当前已经存在的行政及业务管理组织体系。其主要原因是业务管理和信息化应用没有真正融为一体，在业务管理和信息化的应用上存在观念和认识上的差异。立项的管理模式是二者合二为一，这就要求档案管理的领导是既懂档案业务又懂信息化业务的现代管理的复合型人才，要求信息化管理机构中的每一个员工都要把档案业务和信息化管理结合起来开展工作。

（三）项目资源

资源包括的内容很广，它包括自然资源、内部资源、外部资源、有形资源和无形资源。这里所强调的资源不仅包括支持项目开发的人力资源、资金资源、技术资源、环境资源，也包括档案信息化建设过程中将不断产生的 IT 资源，如网络、服务器等硬件设备，操作系统、应用系统等软件资源，同时还包括档案信息资源。因此，要求我们不但要管好、用好能看得见的设备资源，也要学会管好用好软资源。项目开发的不同阶段，资源的需求在不断变化，有些资源用完要及时追加，任何资源积压、滞留或短缺都会给项目带来损失，各类资源的合理、高效使用对项目管理尤为重要。

（四）项目的进展

项目的进展情况要根据项目的目标要求来制定，然后才能落实实施。这些计划的制顶对供应商、开发商及档案管理人员的工作进度都有明确的要求。事实上，在档案信息化建设的过程中，由于档案机构内部人员的不配合、工作繁忙、需求变化等影响项目进度的情况比较常见。因此，项目在实施过程中，要求每一个参与此项工作的人员都要明确自己的职责、进度要求，只有这样才能保证项目的顺利进行。

（五）项目的质量

质量在信息系统的管理中起着举足轻重的作用，它的好坏直接关系着档案管理机构的根本利益，同时也影响着供应商和开发商的声誉，应该说参与项目的每一个成员都希望获得高质量的实施效果，这也是客户的最终满意度。在信息化的过程中，要想保证产品的质量，就必须严把质量关，严格过程的质量监控，落实阶段目标，只有保证了每个阶段的质量，才有可能保证最终的项目质量。另外，由于参与项目的多方机构和人员对信息化项目的认知程度很难达到完全统一，质量的标准也不完全一样，即使用户在当前满意，也可能在短时间内满意度就会改变。因此，加强开发商与用户的沟通、交流、达成共识仍然是保证项目质量的有效方法。

二、系统规划

系统规划是项目工作的前瞻性、全局性和关键性的第一步，档案信息化建设的高层行政管理人员和高层信息管理人员是系统规划的主要成员，其主要任务是确定系统实施的目标、系统的体系结构、系统实施方案和实施过程的资源计划，因此，参与系统规划的人员对档案业务、现代化管理和信息技术的掌握程度及他们的创新精神和务实态度是有效开展系统规划的基础。

系统规划阶段所做的主要工作有：工作团队的组织、系统实施的进程计划、信息系统部署方案的确定及资金的分配使用方案，还包括人力资源、行政管理、技术支持的协同及对项目实施过程的风险估计。

三、系统开发

系统开发是信息系统建设工作的核心，这一阶段的工作是由承担信息化建设的软件供应商来完成的，档案馆工作者的主要任务是提出目标阶段的需求，档案馆的技术支持人员则在业务工作者和开发人员之间起到沟通桥梁的作用，并解决系统开发过程中的问题。

分析市场的需要是项目开发的最终目的。因此，项目开发的基本任务是要了解市场需要什么样的软件系统；该软件系统具有什么样的功能，这些功能的优缺点是什么等。尽管项目在启动时已经确立了系统的目标，但这个目标相对来说是宏观的、大概的，具体一些细节的内容并不明确，因此，明确需要将会对目标系统提出完整、准确、具体的要求。

需要分析阶段主要涉及三类人员即档案业务的管理人员、管理信息系统的研发人员、系统的实施人员，这一阶段的主要任务是加强沟通和交流。这一阶段对档案管理人员的要求是能够准确地描述当前及未来业务的发展需要，系统分析并能够准确地理解、认识业务的需求，必要时可以借助自身的工作经验对客户进行启发和诱导，让他们说出自身更深层次的业务需要来指导今后的开发工作。需求阶段的工作内容主要包括以下四个方面。

第一，组织结构的调研与分析。了解用户单位当前的机构设置与管理模式，充分分析其利用的合理性、完整性及运作的有效性，用于确定信息系统的体系结构，包括系统的运行结构、功能框架结构和系统的总体部署方案。

第二，对实际需要的调研分析。以用户的需要为出发点，充分考虑用户对软件的实际需要，编写可满足用户需求的规格说明书以及用户手册，表述对目标系统外部行为的完整描述，需求验证的标准，用户对系统的性能、质量、可维护性等方面的要求以及用户界面描述和目标系统的使用方法等。

第三，信息化现状的调研分析。在充分调研的基础上，了解归档单位与档案馆目前的硬件和软件运行环境、当前应用系统的使用情况、当前的数据格式和数据规范性、数据处理的方式等，分析需求开发的继承接口系统的内容和功能、数据迁移和数据导入导出的需求，确定进行二次开发或进行系统实施过程中的具体工作和任务及软硬件系统的需求。

第四，对需要的检验过程。系统分析人员要在档案管理人员和系统软件的实现人员的配合下对自己生成的需求规格进行检验，保证软件需求的全面性、准确性、可行性，获得档案管理人员的认同，并对需求规格和用户手册的理解达成共识，达成对目标系统理解的一致性，发现问题并及时解决。

我们所做的需求信息的获取、需求的分析及编写需求规格、需求说明等工作是相互渗透、增量并行和连续反复的，其工作的过程主要包括以下四个方面：首先是系统分析人员和档案业务管理员开展面对面的交流，记录用户提供的信息，即开展信息的获取活动；其次是系统分析人员对获得的信息进行分析归类，并对客户的需求同可能的软件需求相联系，也就是开展需求分析活动；再次是系统分析人员对档案业务需求信息进行结构化的分解，编写成文档和示意图，形成需求规格的说明书；最后是组织档案管理，业务代表评审文档并纠正其错误，完成需求的验证工作。以上这四个过程是由浅入深、循环往复并渗透到客户业务系统的各个环节、贯穿于客户业务系统的各个环节、并贯穿需求分析的整个工作过程，直到双方对目标系统的功能、流程、接口、数据、操作等多方面达成共识后，需求分析阶段的任务就结束了。并不是说业务需求就不会再发生任何的变动，这只是需求的"相对锁定"。

四、系统设计

系统设计是基于对需求分析的工作成果，对系统做深层次的功能分析实现流程设计，分析总结出行之有效的系统实施方案，使整个项目在逻辑上和物理上得到良好的实现，从而实现对最终目标系统的准确架构。

第一，系统的设计。软件系统设计的首要任务是体系结构的设计，在此设计的基础上逐步完成详细的设计工作，把设计的风险降低到最低限度。虽然一个良好的软件结构设计不一定能产生令人满意的软件，但一个非常差的软件结构设计，一定会导致软件项目的失败。因此我们应高度重视软件的设计工作。

第二，软件的编码。编码就是软件系统实例化的具体过程。在完成系统分析和设计工作之后的主要任务就是信息系统运行结构、模块结构和数据组成已基本确定，下面的工作就是把系统设计的结果翻译成某种程序设计的语言编写的程序及信息系统代码编写的具体工作。这一阶段的任务是将需求分析和系统设计的结果与内容转换为用户需要的实际应用过程。

第三，系统的自测试。软件的测试是系统开发过程中非常重要的环节，是系统实施阶段的一项重要工作，开发人员进行系统自测试的目的是尽可能地发现和修改系统设计和系统编码中的错误，开发人员自测试阶段发现的问题越多，交付的目标系统的质量就越高，后期纠错型的维护工作就越少。

在实施和应用档案管理信息系统时，软件开发的执行人因项目的开展方式不同而有所区别，如果是自主研发的是本单位内部技术人员在开展系统设计、软件的编码和测试工作；如果采用购买商品化的软件实施方案，则一般的供应商已经根据档案业务的共性和标准流程开发出管理信息系统的原型产品，本阶段的主要工作是用户在熟悉和使用商家产品，更多的是按照自己的需求对系统进行功能、性能等方面的测试，最终确定商家的产品是否满足目标系统的要求；如果采用自主研发和商品化应用相结合的方式，也同样执行以上三个环节的内容，并对商家提供的产品原型进行改造，以适应本单位业务管理的需要。

五、系统实施

系统实施的主要任务就是软件系统的客户化订制过程，这一时期的主要任务是建立能满足需要的软件系统。其工作的内容主要包括客户化的订制、系统的测试、系统的试运行等内容，另外还包括数据的导入与客户的培训等工作。系统实施阶段主要包括以下三方面任务。

第一，对软件系统有针对性的订制。主要包括四项内容：一是框架定义，即根据用户的业务需求建立系统总体框架结构，比如按照档案的门类进行系统分类，或者按照信息分类方式或者按照用户自己的管理方式进行分类订制；二是数据库结构定义，即按照每一个档案门类确定逐录字段的属性、操作方式等；三是业务流程的定义，即按照用户对档案业务流程定义系统的功能；四是用户模型定义，即按照实施单位用户操作系统的功能和数据权限建立用户模型并授予其操作权限。

第二，数据的整合。在系统的使用过程中，数据的迁移、载入等工作是需要软件的供应商来帮助完成的，而用户单位的主要工作是订制数据的管理规则、严把实施过程关，并建立严格的档案保密措施，保证档案信息的安全。这一内容是实施过程中工作量较大的部分，是最容易被忽略、最容易出现问题的部分。档案管理部门应充分认识到这一点，并在实际工作中引起足够的重视。如果原有的数据不能安装到系统中，新系统的实施工作就等于失败。

第三，系统的检测试用。当客户订制了新的软件系统，并把原有的数据迁移、装载完成后，一个新的应用系统就建立起来了。在这一工作完成的过程中，首先由供应商或软件开发人员对系统的原型进行全面的测试，一定要按照软件的要求严格测试；其次由建立单位严格把关，并从专家的角度提出测试意见和改进意见；最后由用户单位的档案管理人员根据最初双方形成的分析报告中规定的系统功能进行测试，如果测试没有问题则进入试运行阶段。

对用户来说，试用和测试新软件的过程非常重要，它不但是检验软件系统的过程，同时也是对一个系统的学习、理解和接受先进管理理念的过程，要求所有的用户积极地参与并提出合理的建议，以便软件开发商对软件中不合理的部分及时改进，通过不断地升级更新，试运行一段时间后确定一个用户系统运行的版本，达到最终满足用户需要的目的。

六、系统应用和培训

第一，对管理人员的培训。根据档案管理系统对各类管理人员的要求，结合用户对计算机操作系统、网络知识、数据库知识的掌握程度，根据信息系统的管理人员的工作内容进行分期培训，以适应新系统对档案用户的要求。

第二，系统的操作培训。结合 AMIS 用户操作手册，对用户进行有针对性的培训，确保每个用户都能够在自己的权限范围内完成正常的系统与业务操作。在对业务人员的培训完成后要进行上岗前考试，其目的是督促其掌握培训内容。在系统各级操作人员对应掌握的内容都掌握后，用备份的数据库文件替换用户培训时使用的数据库文件，使系统投入试运行。

第三，系统信息的归档。一是整理此次系统实施的架构模型，特别是基础数据表、工作流程，形成本单位独有的系统运行模式，并将本单位的数据库结构进行拷贝、归档，以备未来使用；二是建立客户信息档案，将其基本信息实施情况、使用系统版本情况等进行归档，同时将数据库结构一同刻录成光盘进行归档，为以后系统的升级维护奠定基础。

第四，系统的实施切换。当用户得到一个可以真正接受的系统后，就可以实施系统的正式切换，也就是说，可以正式利用新系统开展工作。为了保证数据的准确性及防止数据的流失，在应用新系统开始工作时不急于将原有的系统毁掉，应在使用新系统后继续保留一段时间，在确保没有丢失数据后再彻底停止对原有数据的使用。系统切换的过程中，一定要将系统试运行阶段的部分数据及时装载到新系统中。

七、系统检测和验收

档案信息系统项目的验收标志着该系统已经得到用户的认可，同时也标志着实施工作将要结束。在这一阶段项目实施单位的工作内容如下：在此项目实施的过程中，一些特殊性的信息资料，如增加了新的档案类型的数据库模板、增加了新的功能模块等，要及时进行整理，以便归档。整理可以作为项目验收依据的相关资料，比如使用说明书、变更登记、用户手册等。另一项工作是编写项目验收的文档，结合项目合同和需求说明书的内容，整理出验收的内容及目前的运行情况及验收的标准。

这一阶段客户方的主要工作内容如下：成立项目机构，其主要职责是按照验收申请报告、项目的合同、系统试运行报告、需求说明书等材料，结合系统现场使用的情况和递交给用户的资料情况，检查实施工作是否达到了合同中规定的要求。另一项工作是进行项目的验收。由项目验收机构对系统实施的现场进行实地考察，检查各项实施工作。如果各项工作都已达到了合同中规定的要求，即可以验收通过；对不符合要求的项目要提出改进和完善的建议。

八、对实施系统的评价

档案信息系统投入使用并运行一段时间后，用户和开发商可根据双方的合作协议及共同认可的需求分析报告、系统设计方案及相关要求，对系统进行综合分析与评价。评价的内容主要从实用与适用的程度，分析较之以前手工管理方式效率是否有明显的改善，目前已解决了哪些问题，使用是否方便，是否达到了预期的效果。如果与最初设定的目标相差甚远，尽管满足了一些实用功能的要求，也不能算是有效的实施。当然在最初设定阶段目标时，也应该采取比较现实灵活的态度，采取由小及大的方法，不断扩大成果的应用范围。

第五章　档案信息资源建设

第一节　档案信息的数字化

一、纸质档案的数字化

（一）纸质档案数字化加工方式

纸质档案的数字化加工方式主要有直接扫描法和缩微转化法两种。

1. 直接扫描法

所谓直接扫描法，是采用扫描仪对纸质档案原件进行光学扫描，将图像信息传送到光电转换器中变为模拟电信号，然后将模拟电信号转变为数字电信号，再通过计算机接口传输至计算机存储器中。直接扫描分为如下两种方式：

第一，扫描纸质档案后再运用字符识别（OCR）软件进行识别，最终生成文本文件。这种数字化文件的优点是：占据的空间小，便于计算机全文检索，便于档案利用时进行摘录和编辑。其缺点是：不能保持档案原件的排版格式，以及签名、印章等原始信息；有时OCR 字符识别的准确率较低，核对修改较为困难，数字化效率很低，且实际上已经破坏了档案原稿的真实性。

第二，扫描纸质档案后形成数字图像文件。这种图像文件的优点是能保持档案的内容和排版的原貌，数字化速度快。缺点是不能进行全文检索、不能编辑文字内容，且占据存储空间大。

以上两种方法的优缺点正好互补，现在有一种方法能将两者的优点融合在一个档案中，即制作双层 PDF。其制作方法是：将纸质档案原件扫描成数字化图像文件后再转换成文本文件，然后将这两个内容一样的文件置入同一个 PDF 文件中，将图像文件置于文本文件的上层，图像文件下层隐藏文本文件。查询该文件时，我们既能看到上层保持原貌的图像文件，同时也能对隐藏的文本文件进行全文检索。

2. 缩微转换法

所谓缩微转换法，是针对已经缩微复制的档案，采用专用扫描设备（缩微胶片扫描仪）将缩微胶片上的模拟影像转换成数字影像的方法。与直接扫描法相比，缩微扫描法更经济、简便、高效。然而这种方法必须建立在已经对纸质档案进行缩微加工的基础上。

必须注意的是，在对缩微胶片进行扫描加工后，原缩微胶片应与纸质档案一并保存，不能擅自销毁。由此，该档案形成"三套制"保存状态。虽然缩微胶片不如数字化档案容易保存、复制、查询、传播，但是作为模拟信息，缩微档案具有人工可读、稳定性好等数字化档案不具备的优势，又具有体积小等纸质档案不具备的优势，是档案信息资源的重要补充形式。

（二）纸质档案数字化工作流程

纸质档案数字化是一个较为复杂的过程，其基本环节主要包括：档案整理、档案扫描、图像处理、图像存储、目录建库、数据挂接、数据验收、数据备份、成果管理等。

1. 档案整理

在对纸质档案进行扫描之前，应根据档案管理情况，按下述步骤对档案进行适当整理，并视需要做出标识，确保档案数字化质量。

（1）档案出库

一般来说，大批量纸质档案数字化，首先须将待数字化档案从档案库房搬移到临时的周转库房，接着由数字化加工人员从周转库房领取档案进行数字化。无论前者还是后者，数字化加工人员都须按照预定计划，提出申请，经过审批，然后交接双方清点档案，实行登记，完成档案的交接手续。

（2）目录数据准备

规范档案中的目录内容包括确定档案目录的著录项、字段长度和内容要求等。然后，为数字化档案检索建立目录数据库。建库可利用原有纸质档案的编目基础，原纸质档案目录如有错误或不规范的案卷题名、文件名、责任者、起止页号和页数等，应进行修改。如纸质档案未建立机读目录数据库，则应当按照档案著录规则重新录入。

（3）拆除装订

档案在拆除装订前可逐卷加贴条形码，以便在随后流程中通过识别条形码对扫描档案进行准确、高效的控制。该条形码还可为以后档案借阅、利用、管理提供便利。

然后，工作人员逐卷、逐页检查档案。对内容缺失、目录漏写、页码颠倒及珍贵、破损的案卷进行登记，并提请档案保管机构妥善处理。对不去除装订物会影响扫描工作的档案，应拆除装订物。拆除装订物时，应注意保护档案不受损害。拆除装订物之后要将档案原件排好顺序，并用夹子夹起防止散乱。对年代久远、纸质条件较差、不便于拆卷的，可采用零边距扫描仪扫描。

（4）区分扫描件和非扫描件

要按要求把同一案卷中的扫描件和非扫描件区分开，剔除无关和重复文件。

（5）页面修整

纸张的质量关系到扫描仪的选择和扫描效果，因此须对严重破损、褶皱不平、字迹模糊的档案做好登记，分别处理。对褶皱的档案，可进行熨烫；对被污染的纸张，可在通风环境中用软毛刷轻轻刷去浮尘、泥垢或霉菌；对破损残缺的文件进行修补。

（6）档案整理登记

将经过整理后的档案原件交给扫描工作人员，制作并填写纸质档案数字化加工过程交接登记表，详细记录档案整理后每份文件的起始页号和页数。

（7）装订、还原、归还

扫描工作完成后，拆除过装订物的档案应按档案保管的要求重新装订。恢复装订时，应注意保持档案的排列顺序不变，做到安全、准确、无遗漏。对严重破损的卷皮、卷盒，须重新更换。装订人员将装订完成后的档案，贴上专用封条并盖上数字化专用章。档案数字化加工完毕并重新装订完成后，要对其进行清点。清点无误后交还给档案管理部门，并办理档案归还手续。

2. 档案扫描

（1）扫描设备选择

根据档案幅面的大小（A4、A3、A0 等）选择相应规格的扫描仪。大幅面档案可采用宽幅扫描仪，还可采用缩微拍摄后的胶片数字化转换设备进行扫描，也可以采用小幅面扫描后的图像拼接方式处理；纸张状况较差、过薄、过软或超厚的档案，以及页面为多色文字的档案，可采用普通平板扫描仪扫描；纸质条件好的 A4、A3 档案，可采用高速扫描仪扫描，以提高工作效率；不宜拆卷的档案，可采用零边距扫描仪扫描。

（2）扫描色彩模式选择

扫描色彩模式一般有两种。

第一，扫描形成黑白二值图像。这种图像只有黑白两级，没有过渡灰度。其特点是黑白分明、字迹清晰、文件容量较小，适用于扫描字迹、线条质量清晰的文字或图纸档案。

第二，扫描形成连续色调静态图像。这种图像分灰度图像和彩色图像两种。①灰度图像由最暗黑色到最亮白色的不同灰度组成。灰度级表示图像从亮部到暗部间的层次，也称色阶。灰度级越高，层次越丰富，文件所占容量也越大。灰度模式适用于扫描黑白照片、图像档案，色阶的选择要适度，只要不影响图像质量即可。②彩色模式中的色彩数表示颜色的范围，色彩数越多图像越鲜艳真实，文件所占容量也越大。同样，色彩数选择也要适度，不是越多越好。彩色模式适合扫描页面中有红头、红印章的档案或彩色照片档案。须永久或长期保存，或向国家档案馆移交的档案，一般应采用彩色模式扫描。

（3）扫描分辨率

扫描分辨率参数大小的选择，原则上以扫描后的图像清晰、完整、不影响图像的利用效果为准。采用黑白二值、灰度、彩色几种模式对档案进行扫描时，其分辨率一般均建议选择大于或等于200dpi。特殊情况下，如文字偏小、密集、清晰度较差等，可适当提高分辨率。需要进行OCR汉字识别的档案，扫描分辨率建议选择300dpi。

（4）OCR处理

目前，OCR技术已经相当成熟，一般扫描仪都自带OCR软件，使用也很方便。然而OCR的识别准确率往往不尽如人意，由此影响检索效果。而依靠人工纠正文稿中的错字又非常麻烦。因此，提高OCR识别率是档案数字化中比较重要的问题。其实，只要注意以下五点，就可以明显提高OCR识别率。

第一，选择适当的扫描分辨率。太低的扫描分辨率往往会造成OCR识别率下降，太高的分辨率会使图像文件过于庞大，且降低识别的速度。在实际操作中，操作人员可通过查看OCR识别后生成文本中的红色错字数量（如小于3%），判断其可接受程度，确定是否采用该分辨率扫描并进行OCR识别。

第二，尽量采用黑白二值模式进行扫描。用扫描仪扫描文件时，通常OCR识别接受灰度或黑白二值模式，不接受彩色模式。如果文稿印刷质量好，可采用灰度模式，否则宜采用黑白二值模式。扫描时可手工调节黑白阈值的大小，如黑白二值图像上文字轮廓残缺，则适当增加阈值；若文字轮廓线太粗，则表示信息冗余较多，可适当减少阈值。这样调节后形成的黑白二值扫描图像，可以达到较佳的OCR识别效果。

第三，在进行OCR识别时注意文字的倾斜校正。OCR识别允许文稿有细微的倾斜，但是过度倾斜会影响识别率。校正方法是：点击扫描软件上的倾斜校正按钮，识别软件会自动将图像校正，再进行OCR识别。

第四，对稿件进行识别前的预处理。识别前要去除文稿上的杂点和图片，因为杂点会干扰文字识别，图片是不能被识别的，且会影响OCR的文字切分。针对文稿中出现分栏的情况，建议用手动设定各栏区域，即用多个框分别选中要识别的文字，然后进行OCR

识别。

第五，采用适当的识别方式。简体和繁体混排，中英文混排的文稿往往识别率较低。如果文稿中简繁体、中英文是分块状分布的，可以用图像处理软件，将不同的文字块剪辑成同类文字块合并的文件，然后分别对不同文字进行 OCR 识别。

（5）扫描登记

认真填写纸质档案数字化转换过程交接登记表，登记扫描的页数，核对每份文件的实际扫描页数与档案整理时填写的文件页数是否一致，不一致时应注明具体原因和处理方法。

3. 图像处理

扫描完成后，必须按照要求将所得图像进行技术处理，纠正档案扫描件和原件的偏差，使扫描后的档案图文更加清晰、规范。图像处理大致包括以下内容：

（1）图像数据质量检查

对图像偏斜度、清晰度、失真度等进行检查。发现不符合质量要求时，应重新对图像进行处理。由于操作不当，造成扫描的图像文件不完整或无法清晰识别时，应重新扫描；发现文件漏扫时，应及时补扫并正确插入图像；发现扫描图像的排列顺序与档案原件不一致时，应及时调整。认真填写相关表单、记录质检结果和处理意见。

（2）纠偏

对出现偏斜的图像应进行纠偏处理，以达到视觉上基本不感觉偏斜为准。对方向不正确的图像应进行旋转还原，以符合阅读习惯。

（3）去污

对图像页面中出现影响图像质量的杂质，如黑点、黑线、黑框、黑边等应进行去污处理。处理过程中应注意不要破坏档案的原始信息。

（4）图像拼接

对大幅面档案进行分区扫描形成的多幅图像，应进行拼接处理，合并为一个完整的图像，以保证档案数字化图像的整体性。

（5）裁边

采用彩色模式扫描的图像应进行裁边处理，去除多余的白边，以有效缩小图像文件的容量，节省存储空间。

以上纠偏、去污、裁边等处理，可以根据肉眼判断，人工操作完成。也可以用专门设计的软件，预先进行某些设定，然后由计算机自动处理。

4. 图像存储

（1）存储格式

采用黑白二值模式扫描的图像文件，一般采用 TIFF（G4）格式存储；采用灰度模式和彩色模式扫描的图像文件，一般采用 JPEG 格式存储。存储时压缩率的选择，应在保证扫描的图像清晰可读的前提下，以尽量减小存储容量为准则。提供网络查询的扫描图像，也可存储为 CEB、PDF 或其他版式文件格式。

（2）图像文件的命名

应采用档号或唯一标识符为数字档案资源命名。

5. 目录建库

（1）数据格式选择

目录建库应选择通用的数据格式，所选定的数据格式应能直接或间接通过 XML 文档进行数据交换。该数据库建立可以通过专用的档案管理系统或扫描加工管理软件录入，也可以先在 Excel 专门设计的档案目录表格中录入，然后将数据导入档案管理系统。

（2）档案著录

按照《档案著录规则》的要求进行著录，建立档案目录数据库，并录入档案目录数据。

（3）目录数据质量检查

为了确保数据的准确性，可采用"单机录入—人工校对"或"双机录入—计算机自动校对"的方法。不管是人工校对还是计算机校对，都要核对著录项目是否完整，著录内容是否规范、准确，发现不合格的数据应进行修改或重录。

6. 数据挂接

（1）汇总挂接

档案数字化转换过程中形成的目录数据库与图像文件，通过质检环节确认合格后，通过网络及时加载到数据服务器端汇总。目录数据库与图像文件应避免采用既慢又容易出错的人工挂接，尽量采用计算机批量自动挂接。只要扫描制作的数字化文件是按纸质档案的档号命名，就可以通过编制挂接程序或借助相应软件，实现目录数据对相关联的数字图像的自动搜索、加入对应的电子地址信息等，实现批量、快速挂接。

（2）数据关联

以纸质档案目录数据库为依据，将每一份纸质档案文件扫描所得的一个或多个图像存储为一份图像文件。将图像文件存储到相应文件夹时，要认真核查每一份图像文件的名称与档案目录数据库中该份文件的档号是否相同、图像文件的页数与档案目录数据库中该份文件的页数是否一致、图像文件的总数与目录数据库中文件的总数是否相同等。将每一份图像文件的文件名与档案目录数据库中该份文件的档号，建立起一一对应的关联关系，为实现档案目录数据库与图像文件的自动批量挂接提供条件。

（3）交接登记

认真填写纸质档案数字化转换过程交接登记表，记录数据关联后的页数，核对每一份文件关联后的页数与档案整理、扫描时填写的页数是否一致，不一致时应注明具体原因和处理办法。

7. 数据验收

以抽检的方式检查已完成数字化转换的所有数据，包括目录数据库、图像文件及数据挂接的总体质量。目录数据库与图像文件挂接错误，或目录数据库、图像文件之一出现不完整、不清晰、有错误等质量问题时，抽检标记为"不合格"。一个全宗的档案，数字化转换质量抽检的合格率达到95%以上（含95%）时，予以验收"通过"。

必须认真填写纸质档案数字化验收登记表单。验收"通过"的结论，必须经审核、签署后方有效。

8. 数据备份

经验收合格的完整数据应及时进行备份。为保证数据安全，备份载体的选择应多样化，可采用在线、离线相结合的方式实现多套备份，并注意异地保存。备份数据也应进行检验，备份数据的检验内容主要包括备份数据能否打开、数据信息是否完整、文件数量是否准确等。数据备份后应在相应的备份介质上做好标签，以便查找和管理。填写纸质档案数字化备份管理登记表单。

9. 数字化成果管理

应加强对纸质档案数字化成果的管理，确保其安全、完整和长期可用。纸质档案数字化成果提供网上检索利用时，应有制作单位的电子标识，并根据具体情况分别采用可下载或不可下载的数据格式。

二、照片档案的数字化

（一）照片档案数字化的对象

照片档案数字化的对象分底片和照片两种。在有底片的情况下，应优先选择底片。因为底片扫描具有以下优越性：

第一，传统的照相过程是先形成底片（负片），再用底片冲印成照片（正片），因此底片较正片具有更好的原始性和价值性。

第二，对底片直接进行数字化，相比将底片冲印成纸质照片，再对照片进行数字化的处理过程，工序更简单、操作更简便，有利于降低数字化成本、提高工作效率。

第三，传统摄影具有色彩还原真实自然、细节层次精致丰富的特点，较数码摄影仍有一定的优势，由此底片扫描可以显著提高扫描图像的质量。

第四，许多具有档案价值的老照片都以底片方式保存，随着时间的推移或保管不善很容易褪色、霉变，底片扫描有利于及时地抢救这些珍贵的老照片。

第五，有些行业会形成大量底片档案，如医院的 X 光片，将其扫描成数字图像，有利于对底片档案进行计算机存储、处理和传输。

（二）照片档案数字化方式

扫描仪扫描输入和数码相机翻拍录入是照片档案数字化所采取的两种主要方式。

1. 扫描仪扫描输入

扫描仪扫描输入是照片档案数字化最常用的方法，可以采用普通的平板扫描仪，也可以用专用的照片扫描仪。与数码相机翻拍录入相比，扫描仪扫描照片操作简单，适用于各类照片档案的数字化处理。

2. 数码相机翻拍

数码相机翻拍虽然比较快捷，但要配置辅助照明设施，拍摄过程中对变焦、曝光等的调控要求较高，拍摄难度比想象中大。由于普通数码相机在光学成像过程中会产生像差，因此要使用中高档数码相机。中高档数码相机镜头一般都配有较大值光圈、变焦镜头、高分辨率 CCD 等，可以保证高质量的拍摄效果。数码照片翻拍最好采用数码翻拍仪，靠手持数码相机拍摄图像，曝光难以掌握，图像也容易变形。如果翻拍的照片变形，可采用 Photoshop 等软件进行纠正。

（三）位深对数字图像阶调的影响

位图图像中的像素可以代表黑、白、灰色或彩色信息。计算机记录每个像素的光亮信息多少是用比特（bit）位数来衡量的。如果使用一位来记录像素信息，其像素只能是白色或黑色的；使用二位描述像素信息，有四种可能表示灰度的区别；使用八位有 256 级的灰度；使用二十四位能够提供 1600 万个可能的颜色。

位数称为图像的位深。使用位深越高、描述的灰度级越多。它是数字图像反映颜色精度的重要指标。

（四）照片档案的储存格式

数字化的照片档案存储格式比较多，如 BMP、JPEG 格式等。一般情况下，档案部门可选择 JPEG 格式来存储照片档案，但是这种格式会损失图像信息。所以，对于那些比较重要的、要求高保真度的照片档案就要选择无损方式储存的 TIFF 格式，这种格式结构灵活、包容性大，易于转换为其他格式。

三、录音档案的数字化

（一）录音档案数字化的前期准备

在录音档案数字化前期，首先要制订录音档案数字化方案。选择和配置适用的软硬件系统，确定录音数字化输入的格式、载体，确定录音档案数字化的范围，明确数字化的先后顺序。录音档案能够顺利播放是数字化的前提，因此，数字化前期还必须检查录音档案的质量及其完整性。旧磁带可能存在不同程度的粘连、信号强度减弱、磁粉脱落等问题，因此，数字化前必须对其进行清洁、修复，以确保数字化的质量。

（二）录音档案数字化的流程

1. 音频采集

第一，用连接线将放音机与计算机相连接。

第二，根据声音的质量选择参数，采样频率可选 44.1kHz 或更低；声音样本的大小可选用 16 位或更低的；根据原录音带选择声道数，如果是 DVD 中的声音则选 48kHz。此外，还要设定录音质量、时间长度。

第三，在放音机放音的同时启动音频制作软件的录音按钮，并通过音频制作软件调节音量大小等参数。

2. 音频编辑

音频采集后，可使用音频制作软件对音频文件进行编辑处理，使其符合数字化的要求，主要包括音量调节、音调调整和噪声处理。

3. 音频存储

处理完成后，选好存储地址，输入文件名、选择文件类型，将其保存。数字音频文件的保存类型和格式有很多，如 WAV 格式、MP3 格式等。

（三）录音档案数字化的后期工作

数字音频文件形成后，还必须将录音档案对应的声音内容以文本方式保存在计算机内，以便对其进行全文检索。每份录音档案原则上对应一份文本文件，该文本文件与录音档案拥有相同的文件名，但扩展名不同。

数字化后的音频文件及其对应的文本文件必须通过建立规范化的录音档案目录数据库或专题目录库来实现有效利用。录音档案数据库除包括一般档案数据库设定的著录项目外，还要包括音频文件存储路径、其对应文本文件的存储路径（或文本文件名）、录音地点、声音来源、原录日期、数字化日期、数字化责任人等内容，并通过数据库的地址链接方式将数字化音频文件与其对应的文本文件联系起来。

（四）录音档案数字化的文件格式

目前流行的音频文件格式主要有以下六种：

1. WAV 格式

WAV 格式是微软公司的声音文件格式，被 Windows 平台及其应用程序广泛支持。该格式支持多种音频数字取样频率和声道，标准格式化的 WAV 文件和 CD 格式一样，也是 44.1kHz 的取样频率，16 位量化数字，因此，声音文件质量和 CD 相似。其优点是编码、解码简单，支持无损耗存储；缺点是需要较大的音频存储空间等。

2. MP3 格式

MP3 是一种音频压缩技术，可大幅度地降低音频数据量。它利用 MPEG Audio Layer 3 的技术，将音乐以 1：10 甚至 1：12 的压缩率，压缩成容量较小的文件，而音频质量没有明显的下降。

3. WMA 格式

WMA 是微软公司的一种音频格式。WMA 格式是以减少数据流量但保持音质的方法实现得到更高的压缩率目的，生成的文件大小只有 MP3 文件的一半。与 MP3 相同，WMA 也是有损数据压缩的格式，因此，在一定程度上影响声音质量。

4. AAC 格式（MP4 格式）

AAC 所采用的运算法则与 MP3 的运算法则不同，AAC 是通过结合其他的功能来提高编码效率。相对于 MP3 格式，AAC 格式的音质更佳、文件更小。但是，AAC 属于有损压缩的格式，相对于 APE 和 FLAC 等时下流行的无损格式，音色饱满度差距比较大。

5. CD 格式

CD 是最传统的非压缩数字音频格式，与标准格式的 WAV 文件一样，均采用44.1kHz 的采样频率和 16 位采样精度。由于未压缩，它的音频具有高保真性。但是这种格式仅用于光盘存储，占用空间较大。

6. DVD-Audio 格式

DVD—Audio（DVD-A）是一个 DVD 碟片上的数字音频存储格式，采用与 CD 一样的非压缩方式，并且充分利用 DVD 碟片记录容量大的特点提高了对音频信号的采样频率和采样精度，其保真度超过 CD。该格式可附带文字说明或静止画面。

档案部门选择以上格式时应考虑以下两点：①音频的保真度，尽量选用无损压缩的格式；②支持附带文字说明（如 DVD-Audio 格式），便于将档案的著录信息直接嵌入音频文件，用于计算机检索。

四、录像档案的数字化

传统的录像档案是以模拟图像和声音符号记录的，是集视听于一体的特殊载体档案。该类型档案容易因磁介质退变、老化造成信号衰减、损失，或因播放设备的淘汰而无法播放。因此，将录像档案由模拟信号转为数字信号已经成为抢救录像档案的当务之急。

（一）录像档案数字化的硬件配置

1. 视频采集计算机

计算机配置视频卡才能实现录像档案数字化。视频卡的功能是将录像带保存的模拟信号转换为数字信号，并保存在计算机中。视频卡的质量决定着录像档案数字化工作的质量。目前，市场上的视频卡很多，档次不一，应根据需要合理选用 MPEG-1 或 MPEG-2 卡。由于数字录像档案的数据量很大，对计算机的速度要求很高，电脑 CPU 最好有 3GHz 主频。采集 DV 视频信号数据量大，传输速度要求高，不能用普通 USB 2.0 接口传输，建议使用 IEEE1394（又称火线）接口，即视频采集计算机必须带有 IEEE1394 接口，才能有足够的速度将 DV 拍摄的模拟信号无损伤采集到计算机系统中去。

2. 存储介质

数字录像档案的存储介质与数字录音档案一样，主要有 DVD-R、DVD-RW、磁带、硬盘等。考虑到通用性、容量等因素，建议用 DVD-R 或移动硬盘作为数字录像档案的脱机存储介质。

（二）录像档案数字化的软件配置

各种视频编辑软件都提供屏幕捕捉功能，能将 DV 录像信号转换成数字信号输入计算机系统。由此，视频采集前须安装某种视频编辑软件。

（三）录像档案数字化的工作流程

录像档案采集完成输入计算机时，模拟图像信号和模拟音频信号是分离的，各自输入计算机的视频采集部件和音频采集部件，在视频采集软件的统一控制下，由视频采集软件同步采集视频、音频信号，从而获得包含音频的数字视频数据。录像档案数字化工作流程与录音档案数字化工作流程有相似之处，可分为如下三个阶段：

1. 数字化前期准备

首先，根据各单位录像档案的实际情况制订录像档案数字化方案，确定录像档案数字化的范围，合理安排数字化工作的先后次序；其次，将录像档案从库房中取出，检查录像档案的质量和完整性，并做记录，修复受损的录像档案，以满足数字化工作的需求。

2. 数字化阶段

（1）视频采集

准备好数字化工作所需的软硬件设备，将放像设备与视频采集设备相连接。打开视频编辑软件，设置各种参数，监控计算机上播放的视频质量；预先设定所需生成的视频文件的格式、设置视频文件的各项参数；参数设置后预览视频信号，若不符合要求则进行适当调整，以使视频质量达到最优。此后，便可正式进行视频采集。视频采集不能快进，即如果 DV 录像是 60 分钟，则采集时间也是 60 分钟。

（2）视频编辑

视频采集完成后，要用视频编辑软件对其进行剪辑、编排，并调整视频效果，以使其满足需求。

（3）视频存储

采集完成后形成的视频文件应当按规范命名，形成电子档案管理要求的规范格式，一般采用 AVI 或 MPEG-2 格式，也可采用 WMV、MP4、MOV 等流行格式存储一套复制件。MPEG-1 是曾经流行的视频格式，该格式图像质量差，已经过时，现在一般不采用。视频文件可采用移动硬盘、DVD-R 等脱机载体存储，如果要提供共享查询，则须要将其上传到网络服务器中保存。

3. 数字化后期工作

为了方便用户查找利用数字录像档案，档案部门须建立数据库。数据库包括两部分：①数字录像档案目录；②数字录像档案文件。两部分内容之间须建立链接，用户可以方便地在数据库中查找所需数字录像档案文件。

（四）录像档案数字化的文件格式

1. AVI 格式

音频视频交错格式（Audio Video Interleaved，AVI），它采用了有损压缩方式，支持256 色和 RLE 压缩，压缩比较高，因此，画面质量不太好，但其应用范围非常广泛。AVI信息主要应用在多媒体光盘上，用来保存电视、电影等各种影像信息。AVI 是我国电子文件管理国家标准认可的视频文件归档格式之一。

2. MPEG 格式

动态图像专家组格式（Moving Picture Experts Group，MPEG）是运动图像压缩算法的国际标准，它采用有损压缩，同时保证图像的显示质量。

3. MOV 格式

MOV 即 QuickTime 影片格式，它是 Apple 公司开发的一种音频、视频文件格式。MOV格式的文件通常用 QuickTime 作为播放器，具有较高的压缩比和完美的视频清晰度，其压缩方式和 AVI 类似，但其画面质量高于 AVI，几乎支持所有主流 PC 机操作系统。

4. WMV 格式

WMV（Windows Media Video）是微软推出的一种流媒体格式，它是由 ASF（Advanced Stream Format）格式升级延伸得来的。在同等视频质量下，WMV 格式的文件可以边下载边播放，因此，很适合在网上播放和传输。

在选取数字视频文件的格式时，要综合考虑其通用性、保真性和方便性。综合而言，MPEG-2 压缩标准的视频格式在各个方面都优于其他格式。因为 MPEG-2 是一个国际化的系列标准，具有良好的兼容性和通用性，能够比其他压缩算法提供更好的压缩比，并已经成为市场的主流。

五、数字化成果的存储格式选择

对于各类档案数字化后形成的数字化成果，需要正确选择其存储格式，这关系到数字化成果的质量、管理成本、查询利用效率。由于数字化技术的迅速发展，现有格式不断升级，新的格式不断出现，数字化成果的存储格式也不会一成不变。

一般在选择长期保存的格式时应综合考虑以下因素：一是兼容性强，可以在不同的计算机平台上显示和运行；二是保真度高，能在不同的技术环境下保持纸质档案的原始质量和版面；三是压缩比高，高效的数据无损压缩，可保证档案数字化成果存储占据容量小，便于高效率地移植、传播和显示；四是字体独立，可自带文字、字形、格式、颜色及独立于设备和分辨率的图形图像，可在各种环境下被准确还原；五是可自带元数据，准确记录档案数字化成果的形成、变化过程，以证明档案文件的真实、完整和有效；六是支持多媒体信息，不仅可以包含文字、图形和图像等静态页面信息，还可以包含音频、视频和超文本等动态信息。

六、档案数字化成果的格式转换

在档案数字化成果的管理中，为了维护数字化成果的长期有效性，经常需要将非通用格式转换成相对通用的推荐格式，或为了满足不同播放器播放、不同软件编辑的需要，进行档案文件的格式转换。目前，许多软件都可以对打开的文件用"另存为"的方法实现格式转换。但是这种方法只能对文件逐件转换，效率低，且转换的格式种类比较有限。如何对档案数字化成果进行批量、高效率的格式转换，这是多媒体电子文件管理、编辑中经常要做的"功课"。

用户只要在界面左侧选择需要转换的文件格式，屏幕立即会弹出选择文件的界面，然后用户可批量选择要转换的档案文件，该软件即可根据预先设置的各种参数，自动批量进行转换，效率颇高，使用也十分简便。

第二节　电子文档归档与电子档案移交

一、电子文件的特性

顾名思义，电子文件就是"电子"加"文件"。"文件"是电子文件的功能属性，是共性；"电子"是电子文件的技术属性，是特性。了解电子文件的特性对管好电子文件非常重要。

(一) 信息的非人工识读性

信息的非人工识读性表现在两个方面：一是电子文件使用了人们不可直接识读的记录

符号——数字式代码，即将输入计算机的任何种类的信息都转换成二进制代码。对这种经过复杂编制的二进制代码，人工无法直接破译它的含义，只有通过计算机特定的程序解码，使之还原为输入前的状态，才能被人识读。所以，电子文件在给人类带来极大方便的同时，也使其内部实现机制变得越来越复杂。二是电子文件存储在载体上，人们无法直接通过载体阅读，必须通过计算机等设备显现才能识读。

（二）系统的依赖性

电子文件对系统的依赖性包含两个方面：一是电子文件的形成、流转、归档等全部管理活动都必须借助计算机系统才能实现，离开计算机系统，人就无法识读和管理电子文件；二是生成文件的软硬件系统一旦更新换代，会造成电子文件的失真、失效，无法还原。

（三）信息与特定记录载体之间的可分离性

电子文件中的信息不再具有固定的物理位置，也不再对特定记录载体"从一而终"，可以根据需要随时改变其存储空间，也可以改变其在硬盘上的存址，或在不同存储介质之间转换。信息与载体之间的可分离性使电子文件不再具有物理意义上的"实体"状态，成为人们所形象指称的"非实体文件"或"虚拟文件"。

（四）信息的可变性

造成电子文件信息可变性的情况很多。首先，计算机系统中信息的相对独立性使得对信息的增删更改十分容易，而且修改之后看不出任何改动过的痕迹；其次，电子文件在形成、归档、管理和利用过程中会形成大量的动态文档，而动态文档中的数据不断地被更新或补充，以反映最新情况；最后，存储载体和信息技术的不稳定性，新的信息编码方案、存储格式、系统软件不断出现，对电子文件的稳定性产生了巨大的冲击，新的系统要求将电子文件转换成某种标准格式或新的文件格式，往往会造成电子文件信息的损失、变异。

（五）信息存储的高密度性

电子文件的存储密度远远高于以往各种人工可直接识读的信息存储介质。一张 4.75 英寸 CD 光盘（650MB）约可存储 3 亿~4 亿个汉字或 A4 幅面的文稿图像数千页，DVD 光盘单面单层容量可达 4.7GB，单面单层蓝光盘的存储容量可达 25GB，而各种类型的存储卡则存储密度更高，计算机存储载体的海量化 8 正呈加速发展态势。

（六） 多种媒体信息的集成性

电子文件可以将文字、图形、图像、影像、声音等各种信息形式加以有机组合，形成"多媒体文件"。这种文件将文字、图像、声音等表现媒体融为一体，图文音像并茂地展示，能够更加真实地再现记录的场景，从而强化了档案对社会活动的过程记忆和生动再现功能。

（七） 信息的可操作性

电子文件中的信息可以随时根据人们的需要，便捷、灵活地加以编辑、复制、删除，或进行多媒体合成，或按照特定的需要排列组合，或进行压缩和解压，或进行格式和数据结构的转换，或通过各种传播媒体传递给远程用户，显著提升了人对信息资源的管控能力和利用能力。

以上每一个电子文件的特点既是它的优点，也是缺点。管理电子文件的基本思路是：扬长避短、趋利避害，用新的管理理念、管理方法和管理技术，将其优势放大再放大、将其劣势缩小再缩小。

二、电子文件归档的含义和特点

电子文件归档是将应归档的电子文件经过整理，确定其档案属性后，从计算机存储器或其网络存储器上拷贝、刻录到可脱机保存的存储载体上向档案部门移交，或通过网络将电子文件转移存储到由档案部门控制的计算机系统中，以便长期保存的工作过程。归档是文件生命周期上的一个重要环节，是文件和档案的分界线，标志着电子文件管理责任由文件形成部门向档案部门的正式转移。电子文件归档是我国归档制度中的一个重要方面，它除了要遵守传统文件归档的要求外，还要考虑到电子文件的特点。

（一） 归档时间前置

纸质文件一般在文件处理完毕之后的第二年完成归档。电子文件因其信息和载体的可分离性，随时面临着被篡改、破坏的风险，因此，在归档过程中必须贯彻前端控制和全程管理的原则。电子文件处理完成后就要及时归档。在设计电子文件管理系统时，就要考虑到归档要素和电子文件的真实性、完整性、有效性和安全性保障措施。

（二） 归档形式多元互补

电子文件的归档形式分为在线归档和离线归档。电子文件的归档按照鉴定标识进行，各单位可以通过计算机网络进行在线归档，也可以将电子文件存储在脱机载体上进行离线归档。网络条件不符合国家和本地区有关保密法律法规规定的单位，其涉密电子文件不能在线归档，只能离线归档。

（三）归档范围扩大

电子文件的特殊性决定了电子文件归档的范围有所扩大。纸质文件的内容、结构、背景信息是固化在纸张上的，而电子文件的三要素有可能是分离的，要保证电子文件的真实性和完整性，必须及时获取电子文件的结构和背景信息，因此，电子文件的背景和结构信息必须被纳入归档范围，形成电子文件的支持和辅助性文件；计算机、操作系统和应用软件的说明性文件也必须列入归档范围中。此外，归档电子文件不仅局限于文字类文件，还应当包括图像、声音、视频及超媒体文件。

（四）归档实体移交与权责移交的分离

在线归档的出现使电子文件实体移交与权责移交出现了分离。传统文件管理中，文件的管理权是随着文件的归档由文书部门转移到档案部门的，是实体保管者与信息管理者的统一。而电子文件的实体与其信息的管理权责却是可以分离的。电子文件的在线归档，使档案部门并不一定不拥有电子文件实体，但仍可以实现对电子文件的掌控，从侧面反映了电子环境中档案管理的工作重点由实体管理向信息管理的转移。

（五）电子文件归档份数较多

离线归档的电子文件，至少一式三套：一套封存保管（一般称为 A 套）；一套提供利用（一般称为 B 套）；必要时，复制第三套，异地保存（一般称为 C 套）。

电子文件在长期保存过程中可能会受到不可抗因素的影响导致信息变异或失真，出现读取错误，而多套同时出错的概率较低，所以多套保存可以大大提高电子文件的安全性和可靠性。

三、电子文件归档的范围

具体来说，电子文件的归档范围主要有以下六点：

第一，在本机构行使职能活动、业务管理及行政管理活动过程中形成的，有纸质文件对应的电子文件，参照国家有关归档范围和保管期限规定归档。对须要保存草稿及过程稿的电子文件，要按照版本管理的要求添加版本号，并和正本一并归档。

第二，在行使和拓展本机关职能活动过程中，利用信息系统产生的无纸化新型电子文件，如网站、电子邮件、微博、微信等电子文件，也要列入归档范围。

第三，各种数据文件，如数据库、图形库和方法库等。由于数据库是动态的，对这种数据文件应定期拷贝，作为一个数据集归档。

第四，为保证电子文件的长期可读性，其支持软件包括操作系统、应用软件及相关代码库、参数设置等也要归档。

第五，有助于确保电子文件真实、完整、有效、安全的有关元数据，说明性材料也要归档。

第六，对必须实行"双套制"保存的电子档案，应归档相同内容的纸质文件，并在有关目录中建立电子文件和纸质文件之间的关联关系。

四、电子文件归档的方式

（一）按照归档电子文件的实际存储位置分类

1. 物理归档

物理归档是指把电子文件集中下载到可脱机保存的载体上，向档案部门移交的过程。物理归档类似于纸质文件的实体归档，这种方式将电子文件的保管权直接交给档案部门统一存储保管，该保管系统由档案部门统一维护，因此安全性比较高。

2. 逻辑归档

逻辑归档是指在计算机网络上进行，不改变原存储方式和位置而实现将电子文件的管理权限向档案部门移交的过程。这种方法将电子文件仍然存储在形成文件的业务系统中，但是归档文件的著录信息、存储地址及元数据应自动保存到档案部门的数据库中，以便档案部门对其进行控制。逻辑归档虽然不妨碍电子文件的共享利用，但是分散存储会给电子文件带来一定的安全风险，需要档案部门加强安全检查和督促。

（二）按照归档电子文件的移交方式分类

1. 在线归档

在线归档是指通过计算机网络，将电子文件及元数据向档案部门移交的过程。在线归档必须在网络联通的条件下进行，网络的带宽、速度会影响在线归档的进行。一般来说，文本类电子文件的在线归档没有问题，但是多媒体电子文件的在线归档就要考虑网络带宽是否能承受多媒体文件的容量，或采取避开网络使用高峰时间进行在线归档，否则会严重影响网络信息共享利用。

2. 离线归档

离线归档是指将电子文件及其元数据存储到可脱机存储的载体上，向档案部门移交的过程。当电子文件的形成系统没有在线归档功能时，或当现代电子文件形成与归档管理机构没有电子文件和档案管理系统时，可采取离线归档方式。如工程建设的施工单位、建设单位与档案部门在没有在线归档的条件时，可在工程项目结束后将电子文件拷贝到光盘或硬盘上向档案部门归档移交。

五、电子文件归档的要求

电子文件的归档应以国家和本地区有关规定和标准为依据，做到真实、完整和有效，实现档案的价值，便于社会各方利用。除此之外，还应针对电子文件的特性，满足以下要求：

（一）归档范围和保管期限要求

电子文件应准确划分归档范围和保管期限，具有保存价值的照片、音视频文件和公务电子邮件等电子文件应当列入归档范围；电子文件的正本、定稿、签发稿、处理单等重要电子文件的修改稿和留痕信息也应当完整归档。

（二）双套制归档要求

具有永久保存价值或者其他重要价值的电子文件，应当转换为纸质文件或缩微品同时归档；定期保存的电子文件，由电子文件的形成单位根据实际需要决定是否采用异质双套归档；法律法规中规定不适用电子签名的电子文件，归档时应附加有法律效力的纸质签署文件。

（三）载体要求

把带有归档标识的电子文件集中起来，制成归档数据集，存储至耐久的载体上。电子文件归档推荐使用的载体，按优先顺序依次为只读光盘、一次写光盘、磁带、可擦写光盘、硬磁盘等。

（四）归档载体标签要求

存储电子文件的载体或装具上应贴有标签，标签上应注明载体序号、宗号、类别号、密级、保管期限、存入日期等，归档后电子文件的载体应设置成禁止写入操作的状态；用作电子文件归档或电子档案保存的光盘不能贴标签，该标签必须用特制的光盘标签打印机打印在特制的光盘空白背面上。因为对于高速旋转的光盘来说，贴上标签会造成光盘高速旋转时重力不均和抖动，损坏光盘或光盘驱动器。没有光盘标签打印机的，可用光盘标签专用笔在光盘标签面上手工书写编号。

（五）真实性要求

电子文件形成部门须对归档电子文件内容的可靠性、稿本的准确性及双套文件的一致性加以确认。

（六）完整性要求

确保归档电子文件和相关文件及元数据齐全，且关联有效。为了保障电子文件的真实、完整、有效，可以将电子文件的办文单打印成纸质文件与电子文件一并归档。

将相应的电子文件机读目录、相关软件、其他说明等一同归档，并附"归档电子文件登记表"。"归档电子文件登记表"可以制成电子表格，由系统根据归档电子文件的机读目录或著录、标引信息自动填写。归档时应将电子文件及其机读目录、登记表同时移交给档案部门，归档电子文件登记表如果是数字形式的，还应附有纸质打印件。

归档完毕后，电子文件形成部门应将存有归档前电子文件的载体保存至少一年。

六、电子文件的组盘

常用的电子文件存储载体是磁盘、磁带、光盘。其中光盘具有存储容量大、运行速度快、存储稳定性较好、只读光盘能防删改等优点，因此，光盘是目前存储电子文件的较佳载体。为了方便管理和查找利用，对脱机保存的电子文件要按一定的规则组合到同一张光盘中，简称"组盘"。由于 DVD 光盘容量大且技术和标准日趋成熟，因此，电子文件的脱机保存应当采用只读的 DVD 光盘，即 DVD-R。

虽然组盘和传统的纸质文件组卷在概念和方法上有很大的区别，但是也应当从保持文件的自然联系和方便管理利用出发，遵循以下基本规则：①将同一保管期限的文件进行组合，以便按不同期限定期拷贝光盘，以延长电子文件的保管寿命；②将同一密级的文件组合，以便保密和安全管理；③将同一部门的文件组合，以便查找、利用和复制；④将同一档案类别、同一工程项目、同一设备项目的文件尽量存储在同一光盘上，以方便利用；⑤按规范著录规则建立盘内文件目录，并将电子文件与相关条目建立链接关系，以便查找目录时立即能调阅相应的电子文件；⑥如果盘内有非通用格式的电子文件，应将相应的运行软件一并存入该盘内，以便电子文件的打开和阅读。

盘内文件的组合也应采用文件夹管理方式，文件夹的设置规范可根据以上组盘原则由各单位自行设定。现以基建工程档案为例，推荐以下组盘方法：

（一）从工程类电子文件的特点出发将存储标准规定为三种格式

A 类：采用形成时的原始文件格式，以保留所有形成信息，满足档案原始性的要求，为便于技术改造中图纸的修改，规定为 DWG、RTF、XLS 格式。

B 类：采用转换格式，用于查询浏览和打印输出，确保能被准确地还原成纸质文件，为便于在线检索，规定为 PDF、TIFF 格式。

C 类：将非常用软硬件环境下形成的文件转换成中间文件格式，当需要时可将其转换成各种需要的文件格式，规定为 DXF、TXT 格式。

为了满足不同的需要，归档时一般同时采用两种格式，即"B 类+A 类"文件或"B 类+C 类"文件。

（二）每张光盘内文件夹的存储方法

第一，在根目录下存储一个说明文件，如起名为 README.TXT，用于说明该光盘的基本信息，如光盘编号、工程名称、制作单位、归档部门、制作时间等。

第二，在根目录下存储一个辅读信息文件，如起名为 ASSIST.TXT，用于列出读取光盘内各种格式电子文件的环境信息，如光盘使用的硬件型号、软件名称、版本等。

第三，在根目录下存储一个目录文件，如起名为 CATALOG.XLS，用于存储光盘内电子文件目录信息，该目录须采用档案著录规则，其中的每个条目最好都与盘内相关的文件建立链接关系。由于该目录采用 Excel 制作，因此用该目录就能独立实现盘内文件的查找。

第四，设置"数据 1"子目录，用于存储与上述目录相对应的 B 类文件。

第五，设置"数据 2"子目录，用于存储与上述目录相对应的 A 类和 C 类文件。

第六，设置"其他"子目录，用于存储相关字库、符号库、数据字典、系统运行软件等能保证盘内电子文件准确还原的各种辅助文件或说明文件。

（三）制定电子文件归档和电子档案管理的制度规范

首先，要求电子文件形成机构保证移交的电子文件是完整的、真实的、有效的；保证两种格式电子文件与相应纸质文件内容、版式是一致的；档案部门接收后保证在保管期间不失真等。其次，由于只读光盘具有不可更改、不可重写和不可擦除的特性，因此选用只读光盘作为电子文件交换的载体，要求形成机构将两种格式的电子文件刻录到只读光盘上移交给档案部门，光盘背面特制清晰的、不易被擦除的光盘标记及责任人手写签名。最后，形成机构还须打印归档电子文件清单，由交接双方验收签字后各持一份作为归档电子文件的交接凭证。

七、电子文件的规范命名

电子文件制作完毕后需要对保存的稿本命名，以便今后查询利用。电子文件名通常由"主名"加"扩展名"组成。其中扩展名代表了电子文件的类型，通常由计算机自动产生。规范电子文件的主名是规范电子文件管理的重要基础工作，随意命名会给管理造成麻烦甚至混乱。

（一）规范命名的要求

第一，唯一。如果有两个或者多个电子文件重名，在数据库调用该文件时就会发生混乱。因此，在同一文件夹中的电子文件不允许重名。如果重名，则后存盘的电子文件会将前存盘的电子文件覆盖。

第二，直观。直观的命名能够简要地概括文件的内容，是查找文件的重要线索，也便于利用，电子文件命名应当实行"实名制"，即将文件的重要著录项直接注入主名中。

第三，简洁。命名要简洁明了，不宜过长，过长难以辨认，且计算机软件会自动拒绝。另外，命名中不能夹带某些特殊符号，如半角的"\"、"/"、"<"、">"、"?"等。

第四，参照。采用"双套制"归档模式的，电子文件命名要便于与同样内容的纸质文件建立相互参照关系。

（二）规范命名的方法

根据以上原则，介绍三种常用的命名方法。

第一，归档前可用"文号+稿本号+文件标题+扩展名"命名，各要素之间用符号（如"-"）进行分割。这种命名还可以加上"形成者""形成时间"等文件要素，其最大优点是直观，能通过命名知道文件的大概内容，便于通过 Windows 资源管理器、Excel 等流行的工具直接检索。目前，计算机允许电子文件的命名长度达 247 个汉字，足以支持该命名方式。该方法适用于在办公自动化管理中形成的电子文件，可由业务部门的文件管理人员在文件形成后按规范直接命名。

第二，归档后采用"全宗号+档案门类代码+年度+保管期限代码+机构（问题）代码+件号+子件号+扩展名"命名。如"X043-WS.2015-Y-BGS-0026.001.jpg"。该方法的优点是：由于档号唯一，因此能避免重名；由于档号中一般有分类号，因此便于识别内容；由于采用纸质档案的档号，因此便于与纸质档案相互参照。这种方法一般适用于"双套制"归档的电子文件、纸质档案扫描件或需要长期保存的电子档案。

第三，采用"随机号+扩展名"命名，随机号一般是计算机自动生成的32位代码。该随机号唯一的优点是不会重名，缺点是很不直观，也无法与纸质档案参照，必须完全依靠目录数据库才能对电子文件进行管理和查询。使用本方法一般要安装专用的电子文件归档和电子档案管理系统。因此，使用本命名方法有一定的风险，如当支持其运行的应用软件发生故障或瘫痪时，文件就无法查询利用。

有些单位在电子文件归档时将第三种方法命名的电子文件转换为第一或第二种命名方式，或者组合运用前两种命名方式，其转换一般须借助计算机系统自动完成。

此外，对于基建或设备类电子文件也可以采用"项目编号+子件号+扩展名""项目编号+阶段号+子件号+扩展名"或"图号+子件号+扩展名"等方法命名。这些方法也都符合上述电子文件命名的四项基本要求。

八、电子档案的移交

归档后，电子文件按有关规定移交至档案室等档案保管部门，作为电子档案进行集中保管，这是归档的最后实施环节。

（一）移交时间

电子文件的在线归档和离线归档，一般是在年度或文件所针对的任务完成后，或一个阶段后的一段时间内进行归档移交，具体可视情况而定。如管理性文件可按照内容特点确定一个归档期限；技术文件、科研项目文件等则可在项目完成后归档移交。因涉及电子文件的技术环境条件、存储载体质量、寿命等问题，一般以不超过三个月为宜。

（二）移交的基本要求

第一，元数据应当与电子档案一起移交，一般采用基于XML的封装方式组织归档数据结构。

第二，电子档案的移交格式按照国家有关规定执行。

第三，电子档案有相应纸质、缩微制品等载体的，应当在元数据中著录相关信息。

第四，采用技术手段加密的电子档案应当解密后移交；压缩的电子档案应当解压后移交；特殊格式的电子档案应当与其读取平台一起移交。

（三）移交检验

在接收电子档案之前，应对电子档案及其技术环境进行检验，合格率达到100%时方可进行交接。

检验项目主要有以下内容：一是载体有无划痕，是否清洁；二是有无病毒；三是核实电子档案的真实性、完整性、有效性及审核手续；四是核实登记表、软件、说明材料等是否齐全；五是对特殊格式的电子档案，应核实其相关的软件、版本、操作手册等是否可用和完整；六是检验结果分别由移交单位、接收单位填入"电子档案移交、接收检验登记表"的相应栏目。

档案保管部门应按照要求及检验项目对电子档案逐一验收。对检验不合格的，应退回形成部门重新制作整理后再次移交。

（四）移交方式

电子档案的移交可采用离线或在线方式进行。

离线移交归档电子文件应当满足下列基本要求：移交单位一般采用光盘移交电子档案，光盘应符合移交要求；移交单位应当按照有关要求进行光盘数据刻录及检测；存储电子档案的载体和载体盒上应当分别标注反映其内容的标签；移交载体内电子档案的存储结构应符合《电子文件归档与管理规范》等国家和本地区的有关规定。

在线移交电子档案的单位应当通过与保密级别和管理要求相匹配的网络系统传输符合要求的电子档案及其元数据。

（五）移交手续

档案保管部门验收合格，完成"归档电子档案移交、接收检验登记表"的填写、签署环节。登记表一式两份，一份交电子档案形成机构，另一份由档案保管部门保存。在已联网的情况下，电子档案的移交和接收工作可在网络上进行，但仍须按照相应的手续办理。

第三节 档案数据库建设

一、档案数据库建设的意义

（一）是档案信息化水平的重要标志

实践证明，档案数据库建设的规模和质量不但是档案信息化的核心任务，而且是衡量档案信息化水平的重要标志。

（二）是档案信息资源建设的基础

归档文件材料属于一次档案文献，它虽然具有原始性，但属于无序的、分散的、非结构化的档案信息，难以形成资源优势，不便集中管理和广泛共享。档案目录数据库建设的实质是通过对档案内容和形式特征的分析、选择及记录，采用数据库管理技术，将档案著录信息输入计算机系统，形成二次档案文献，即结构化的档案信息。此举可有效提高档案信息的丰裕度、凝聚度、集成度、融合度、共享度、适用度和价值密度，降低其失真、失全、失效和失密的风险，从而形成档案资源体系，提升档案信息化的综合实力。没有高质量的数据库，好的软硬件系统只能是"空壳"。

（三）是开发利用档案信息资源的前提

档案信息化的主要目的是将对档案的实体管理转变为对档案信息的管理，也即对档案内容的管理，这是信息技术的优势所在，也是传统管理最大的难点。建设档案数据库，有利于加快推进档案信息资源的整合和共享，使档案信息真正成为优质资源和共享资源；有利于信息技术和大数据技术的应用，促进档案信息的资源体系、服务体系和安全体系建设；有利于最大限度地发挥档案价值，从而为档案信息资源的开发利用创造有利的条件。没有档案数据库，档案信息化就是空中楼阁，流于形式。

二、档案目录数据库建设

档案目录数据库中的记录又称为"档案机读目录"或"档案电子目录"，是存储在计算机内，使用某种数据库管理系统组织管理档案目录的数据集合。

（一）档案目录数据库的结构设计

1. 选择档案著录项目

《档案著录规则》规定了档案进行著录的项目和形式。该标准规定的著录项目共分7项，每项分若干著录单元（小项）。在列举的22个著录小项中，只有正题名、责任者、时间项、分类号、档号、电子文档号、缩微号、主题词或关键词8项为必要项目，其余为选择项目，这意味着不同的档案目录数据库在项目选择上可能存在较大差别。

事实上，《档案著录规则》主要用于规范传统档案目录的著录标引工作，对电子档案目录的检索和网络共享考虑不够充分。因此，目前在构建档案目录数据库时常常增加一些新的著录项目。

2. 确定著录项目的数据格式

数据格式具体规定每个著录项目（记录字段）的数据类型和字段长度。数据库管理系统所管理的数据对象是结构化的，因此，必须事先确定好档案目录数据库各字段的名称、字段类型、代码体系和约束条件等。

（二）档案文件的著录标引和著录信息录入

档案文件的著录标引和著录信息录入，是档案目录数据库建立的重要工作和档案信息化的关键环节，意义十分重大，须要给予高度重视。从形式上看，"著录"和"录入"是两项工作，而在档案信息系统的操作中往往是结合起来、交叉进行的，即一边著录标引，一边录入数据。为了提高档案著录、数据录入的速度和质量，需从以下三个方面采取对策。

1. 提高认识，增强操作人员的责任心

档案著录和数据录入工作的重要意义有两点。①大规模、高质量的档案目录数据是实现档案信息化价值的前提。信息行业有一句行话："三分靠硬件，七分靠软件，十二分靠数据。"没有实力强大的数据库，再先进的档案信息系统也只能是空中楼阁，形同虚设。②数据质量问题会给档案信息系统埋下隐患。信息行业还有一句行话："计算机系统输入的是垃圾，输出的也必然是垃圾，绝不会成为宝贝。"一旦输入了数据垃圾，计算机软硬件技术难以自动消除它。档案数据库质量控制有"技防"和"人防"两种，其中人防，即提高人的责任心和操作技能永远是第一位的。因此，要

从培养操作人员的素质抓起，落实工作职责和考核办法，实现对档案文件的著录标引和著录信息录入工作的精细化管理。

2. 严格按照国家规范设计数据库结构

结合实际，制定本行业、本专业、本单位的标准和规范，为档案数据库建设提供标准支持。要维护标准和规范的权威性，在档案信息系统开发，特别是数据库结构设计时应严格执行相关标准和规范，防止数据库设计的盲目性和随意性，确保档案数据的一致性、准确性和规范性。

3. 采取有效的技术手段提高数据录入的速度和质量

档案文件的著录标引和录入工作十分枯燥，不但效率低，而且容易引起操作疲劳而出错。为此，应当在加强"人防"的同时，尽量采用"技防"。事实上，计算机技术的发展已经为提高数据录入的速度和质量做了充分的准备。

（1）在数据库建设中控制数据结构定义

为了提高系统的适用性和可扩展性，很多档案信息系统都为用户提供了灵活的数据库自定义功能，然而这项功能如不加以控制就会造成"乱定义"，即定义的随意性。因此，在设计档案信息系统自定义功能时，应将数据库的表字段设计分为"必选项"和"可选项"。必选项严格按照《档案著录规则》设置，不允许自定义，可选项可在规范引导下进行自定义。

（2）利用计算机智能，自动录入数据

在录入档案数据时，某些档案著录项可以通过计算机自动处理后录入数据，如自动生成档号、序号、部门号、库位号；根据文件级著录的文件页数、文件日期，自动生成案卷级文件页数、起止日期；根据文件的归档类目号，自动生成分类号；根据文件标题或文件内容，自动标引主题词等。自动录入的数据能够避免人为录入差错，大量节约人力，并显著提高录入的速度。

（3）使用代码录入

代码是确保著录信息和档案特征一致的有效手段。如组织机构名称，有全称或简称，简称往往又很不规范，这会造成检索时的混乱，而应用代码，可以做到代码和组织机构的严格对应，检索时就不会出现漏检或误检。

因此，档案信息系统应设计简便的代码管理功能，包括代码的维护、录入提示等，确保规范使用代码，又快又好地录入档案著录信息。

三、档案全文数据库建设

（一）档案全文数据库构建的过程

1. 数据的采集

即对加载到全文数据库中的数据进行录入、采集、整理等处理。全文数据的获取方式有三种。一是图像扫描（或数码拍摄）录入。该方法形成的图像信息能保持文件的原貌，但占用存储空间大，不能直接进行全文检索和编辑。二是键盘录入。该方法形成的是文本信息，占用存储空间小、存取速度快、支持全文检索，但是输入工作量大，文本的格式和签署信息容易丢失。三是图像识别录入，即对扫描形成的图像进行 OCR 识别，形成文本信息。该方法虽然具有上述两种方法的优点，但是 OCR 识别带有一定的差错率，特别当档案原件字迹材料不佳、中英文混排或带有插图、表格时，差错率较大，而人工纠错成本较高。因此，数据采集要权衡利弊，有选择地使用。

2. 数据预处理

将采集后形成的档案数字化成果转换成规范的格式，进行规范化命名，再进行统一标准的著录与标引。采用自动标引技术的系统，还可以从文本文件中直接提取关键词或主题词，辅助计算机检索。

3. 数据检索

档案全文数据库建成后，可采用全文检索系统提供的功能对数据库进行检索。

4. 数据维护

全文数据库建成后，须经常对数据库的内容进行索引、更新、追加和清理，以保证数据库的实用性和时效性。

（二）档案全文数据库的功能

第一，能够获取、存储和使用不同类型、不同格式的档案信息。

第二，能够按照确定的数据结构有效组织大量分布式的不同类型、不同格式的电子文件或扫描件，并为之建立有效的检索系统。

第三，能够快速、正确地实现跨库访问和检索。

第四，能够对全文信息的访问和使用进行许可、控制和监督等授权管理。

第五，能够在网上发布全文数据库数据。

第六，能够集成支持全文数据库管理的各种技术，如超大规模数据库技术、网络技术、多媒体信息处理技术、分布式处理技术、安全保密技术、可靠性技术、数据仓库与联机分析处理技术、基于内容的分类检索技术、信息抽取技术、自然语言理解技术等。

四、档案多媒体数据库建设

档案多媒体数据库是对文本、图像、图形、声音、视频（及其组合）等媒体数据进行统一管理的数据库系统，它具有良好的交互性，输出的多媒体文件形象直观、图文并茂，能真实生动地还原历史记录。因此，档案多媒体数据库属于特色数据库和优质档案信息资源，应当列为档案数据库建设的重要内容。

（一）建立档案多媒体数据库的步骤

建立档案多媒体数据库有三个步骤。一是收集和采集来自各种档案信息源的多媒体信息。如果来源是数字化多媒体信息，即多媒体电子文件，则归档处理后直接进入档案多媒体管理系统的存储设备中；如果来源是模拟多媒体信息，如模拟录音、录像，则采用音频或影像采集设备，将其转换成数字化的多媒体档案后输入档案多媒体数据库。二是按照多媒体档案的整理规则，对多媒体电子文件进行整理，形成档案多媒体目录数据库。三是将整理后的多媒体档案挂接到档案多媒体目录数据库中。

（二）多媒体档案与档案多媒体目录数据库的挂接方法

鉴于多媒体档案占据容量大，对档案数据库运行效率影响也大，因此需要慎重选择多媒体档案与档案目录数据库的挂接方法。挂接的方法一般有基于文件方法和二进制域方法两种。

1. 基于文件方法（又称"链接法"）

这种方法是将独立存储于计算机载体中的多媒体档案的名字与位置（路径）存入（"链接"于）档案多媒体目录数据库相应的记录中，而不是真正将档案存储在目录数据库中。当数据库管理系统访问多媒体档案时，根据目录数据库中记录的多媒体档案名称和路径，访问多媒体档案。这种方法的优点是：尽管多媒体档案容量大，但是不会给目录数据库增加负担而影响目录数据库的运行效率；缺点是多媒体档案与目录数据库的关系不够紧密，容易因系统或数据的迁移而断链，造成通过目录找不到对应多媒体档案的故障。

2. 二进制域方法（又称"嵌入法"）

这种方法是把多媒体档案实实在在地存放于（"嵌入"）目录数据库中的 BLOB 字段（"二进制域"）中，该字段能存储大文件，因此又称"大字段"。该字段有两种：一种是 Memo（备注）字段，它可以存储大文本文件，容量相对较小；另一种是 OLE（对象嵌入）字段，可以存储大二进制文件，如多媒体档案等。

Oracle 数据库的一个 BLOB 字段可存储不大于 4G 的多媒体文件。这种方法的优点是多媒体文件与目录数据库的关系相当紧密，不会断链；缺点是大容量的多媒体文件会增加目录数据库的负担，影响其运行效率。因此，在使用二进制域方法时，要采用一些技术手段来弥补其缺陷。

第六章　档案信息化保障体系建设

第一节　宏观管理与标准化规范保障体系

一、宏观管理保障体系

档案信息化是档案事业发展的战略举措，也是档案工作现代化的立体战役。为了确保这项工作循序渐进、卓有成效，要自上而下地进行总体规划和精心地组织实施。

（一）档案信息化规划

档案信息化规划是档案行政管理部门针对档案信息化事业发展制定的全局性、长远性谋划，是对发展目标、任务、措施的宏观思维、精准描述和权威部署，是反映发展规律、驾驭发展大局、破解发展难题的顶层设计，具有定位目标、激发士气、凝聚人心、统一步伐的作用。

1. 规划制订的原则

（1）统揽全局的原则

规划首先要明确档案信息化的指导思想、基本目标、工作任务、措施步骤、保障体系、评价指标等。档案信息化规划要有前瞻性、系统性、严肃性、权威性和操作性。在目标的确定上既要起点高，又不能不切实际地盲目拔高；在任务的确定上既要全面覆盖，又要重点突出；在措施的确定上既要宏观布局，又要微观落地；在保障体系的确定上既要营造动力机制，又要设定约束机制；在评价指标的确定上既要定性，又要尽可能定量。特别要做到与本单位档案事业发展规划和本地区信息化发展规划相衔接，争取取得组织、资金和人力上的支持。为了落实好规划，要建立集规划制订、协调、监督、意见反馈、补充完善于一体的规划执行机制。通过落实责任、考核和目标管理，努力实现预定的信息化蓝图。

（2）分步实施的原则

档案信息化涉及面广、工作量大、制约因素多，因此，在制订规划时，要充分考虑国家、地区信息化战略的实施进度、档案信息化的近期需求、档案基础工作条件、管理制度和业务规范的配套情况，以及经费、人力的投入能力等。要在全局性、长远性目标的指导下，根据需要和可能，将总目标分解为若干阶段性目标，以便分步实施。阶段性目标要处理好前后衔接关系，每一阶段的目标任务既要继承前阶段的成果，又要为后阶段创造条件。特别要将档案信息资源建设列入阶段性目标的主要任务，并提出量化的指标要求，如电子文件归档和传统存量档案数字化应当达到多少百分比等。

（3）需求驱动的原则

长期以来，信息技术领域有一句行话为"以需求为导向"，它是信息技术应用的一条重要规律。现代信息技术几乎无所不能，然而只有与特定的需求相结合，才能实现信息化的价值。需求决定计算机应用的发展方向、检验标准和实际效能，是信息系统建设的出发点、归属点和动力源泉。不重视需求或找不准需求，必然使档案信息化偏离正确的轨道，甚至付出沉重的代价。

（4）突出重点的原则

所谓突出重点，就是规划要满足重点需求。需求是一个相当具有"弹性"的概念，在分类上有一般需求和主要需求、潜在需求和现实需求、表面需求和本质需求、当前需求和长远需求等。突出重点就是要在调查研究的基础上，分析出和把握住主要需求、现实需求、本质需求、当前需求和紧迫需求。因此，在制订规划时，要从本单位、本行业的实际出发，以问题为导向、以必要性和可行性统一为基础，找准需求，定义总目标和阶段性目标，一步一个脚印地有序推进档案信息化工作。

2. 规划制订的步骤

（1）组织机构

档案信息化规划的制订事关大局、事关长远，应当成立由单位主要领导主持，信息化管理人员、相关业务技术人员和档案管理人员参加的规划起草小组，具体负责规划制订的全过程工作。为了开阔眼界，借用外力，还可以聘请外单位有关档案信息化的专家，对规划起草人员进行培训，对起草工作给予咨询、审核、把关，或直接负责规划的撰写工作。

（2）调查研究

调研主要包括四个方面：一是对国际、国内、本地区、本行业档案信息化发展战略和规划的调研，了解其对档案信息化目标、任务、措施的定位，以便为本单位规划制订提供参考；二是对同行业或相近行业档案信息化的先行单位进行调研，以便学习和借鉴它们的成熟经验；三是对社会信息化发展状况进行调研，了解其软硬件技术发展水平，以及哪些技术适用于本单位；四是对本单位档案工作和档案信息化需求进行调研，发现和分析存在的问题，研究利用信息化手段破解问题的对策。

（3）撰写规划

对调研结果进行归纳总结，撰写调研报告。根据调研报告撰写规划大纲，并征求有关领导、专家或业务技术骨干的意见。根据拟定的规划大纲，撰写规划初稿。初稿完成后组织专家进行科学性和可行性论证，并广泛征求机关各业务部门和相关单位的意见，修改完善后交本单位领导审核、签发，然后正式发布。

（4）规划发布

规划发布时要一并提出规划执行的指标要求、进度要求和责任要求，并按照"言必信，行必果"的要求，跟踪规划的执行情况。

3. 规划的主要内容

（1）回顾总结

回顾总结本单位档案信息化的进程、现状，取得的基本经验或主要体会，以及存在的主要问题。对尚未建立档案管理信息系统的单位可以总结本单位档案工作的现状，以及为档案信息化创造的基础工作条件，如档案制度化、标准化建设，档案资源建设，档案人才队伍培养等。

（2）目标定位

目标是对档案信息化建设预期前景和效果的描述。目标可以分为总体目标和具体目标两部分。目标定位要有以下"五个度"：①高度，即体现高起点、高标准、高水平；②宽度，即做到档案业务工作的全覆盖；③深度，即要致力解决发展中遇到的热点、难点问题；④亮度，即要有创新点和闪光点；⑤温度，即要满怀热情地贴近时代、社会、生活、百姓。总目标的实施周期应尽量与本单位发展规划相吻合，一般为五年。

（3）任务部署

任务是对目标的细化。目标一般比较原则、概括和宏观，任务则要尽量具体和微观。任务一般按档案信息化的要素细分，包括基础设施建设、信息资源建设、应用系统建设和保障体系建设等。任务部署要尽量做到定时、定量，如纸质档案数字化工作每年要达到多少页、占馆（室）藏总量的百分比是多少等。

（4）措施落实

措施是指实施档案信息化的必要条件，一般包括人员观念的改变、档案基础工作的跟进、技术平台的建设、信息安全的落实、资金持续投入及人才队伍培养等。其中档案基础工作部分要特别强调"兵马未到，粮草先行"，即提前、重点做好电子文件归档、纸质档案数字化工作。

（二）档案信息化组织

制订科学的规划是档案信息化的起点和前提，它使信息化建设者在目标、任务、措施等方面达成了共识、统一了步骤。接着，就要通过强有力的组织，即通过指挥、协调、监督、指导、服务等管理方式和行政手段，确保规划的贯彻落实。执行力不足会使一个好的规划流于形式，创新规划的执行体系和执行手段，是提高规划的权威性和约束力的关键举措。

1. 思想观念更新

档案信息化是新形势下档案工作顺应潮流、抓住机遇、加快发展的重大战略。规划是战略实施的顶层设计，是长远性、全局性的谋划，是避免战略实施随意性和盲目性的有效举措。只有充分认识规划实施的重要意义，才能增强实施规划的责任心和自觉性。

同时，要认识到实施规划要有新思路、新对策。要改变过去重规划、轻实施，重技术、轻管理，重平台建设、轻资源建设，重档案科研、轻成果应用等片面的、落后的观念，以崇尚科技、重视改革、锐意进取、尊重人才、创新务实、真抓实干的新思路、新对策来破解规划实施中的难题，化解来自各方面的阻力，推进规划的顺利实施。

2. 组织体系创新

档案信息化应是"一把手工程"，必须由机构的主要领导分管档案信息化工作，并建立集规划、执行于一体的档案信息化主管部门，才能及时高效地协调处理档案信息化建设中遇到的复杂关系，避免因多头管理而造成政出多门、相互推诿的现象。

档案信息系统的建设和运行涉及与外界系统的互联。前端与办公自动化互联，确保对归档电子文件的前端控制；后端与本单位各种业务系统互联，确保为社会或本单位行政业务系统提供档案信息服务。单靠档案部门难以处理与档案外部系统的关系，必须由本单位主要领导牵头挂帅，才能做好跨部门的组织协调工作。因此，各单位分管档案工作的领导应当同时分管档案信息化工作，负责实施档案信息化规划的各项组织工作，负责将规划实施列入本单位信息化发展规划和年度计划，使这项工作在机构、岗位设置，人员、经费投入等方面得到满足，保障规划的实施。

3. 管控措施到位

档案行政管理部门要对规划的实施采取有力的管控举措。

（1）要保持规划的权威性和严肃性

对已经列入规划的每项任务都要"言必信、行必果"，对规划后未执行的任务要追究原因和责任；按照规划制订有关项目的实施方案，规定具体的实施内容、进度、要求，一抓到底，直至见效；将规划实施的组织、协调、监督、指导纳入档案工作的法规、制度、标准、规范系统中去，纳入行政部门工作的职责和考核办法中去，通过档案法治和行政的手段，防止发生档案信息化不作为或乱作为现象。

（2）要夯实档案信息化的各项基础工作

档案信息化建设的重点是档案信息资源建设。为此，要围绕档案信息资源管理的目标和任务，扎扎实实地做好传统文件和电子文件的积累、归档，以及归档后的档案鉴定、分类、组卷、著录、编目、数据录入、档案扫描、档案保管、档案划控等基础工作，利用数据库技术，建立起大规模、高质量的档案信息资源总库，为档案信息系统运行提供优质的信息资源。

（3）要确保规划实施的各项投入

切实按照规划要求落实软硬件网络平台、应用系统、数据资源、人才队伍、保障体系等各项建设任务。对建设项目的完成情况和实用效果进行科学的评估，并将评估的结果列入档案信息化建设单位业绩考核的指标。资金投入要避免重硬件投入、轻软件投入，重技术性投入、轻管理性投入，重一次性投入、轻持续性投入的倾向，使资金投入在发展阶段、发展要素、发展层次上，有合理的结构比例。

4. 科研教育跟进

鉴于档案信息化具有知识密集和技术密集的特点，档案科研和教育已成为档案信息化的两个重要支柱。为了更好地发挥科研工作对档案信息化的引领作用，要加强对档案信息化项目的选题指导、立项审查、实施跟踪和结题评审等环节的全过程管理。对不可行的项目在立项阶段就予以否定；对科研项目的结题评审要严格把关；对重点科研项目要组织各方力量联合攻关，特别要加强档案局（馆）、高校档案学专业和信息技术开发公司之间的联合，从档案专业和计算机技术的紧密结合上提高科研成果的质量。要加大档案信息化科研成果的推广力度，充分发挥理论成果对实践的指导和引领作用；要采取有效的行政手段和考核措施，大力推广集成化、通用化的数字档案室和数字档案馆应用系统，彻底改变过去各自为政、重复建设、自成体系、难以互联的粗放型发展模式。

二、标准化规范保障体系

（一）标准规范建设的原则

制定我国档案信息化标准规范，要符合中国国情，符合国家信息化工作的基本方针，同时与相关国际标准和发达国家档案信息化标准衔接，并且遵循以下原则：

1. 适度超前原则

档案信息化标准是对档案信息化建设过程中出现的各种重复性事物和概念所做的统一规定，标准的对象在档案信息化建设中是随着时间的变化、技术的更新而不断变化的。因此，在档案信息化标准规范建设过程中，要考虑信息时代和网络环境的变化，要有前瞻性和预见性，能在一定程度上预测社会和技术的发展方向，并充分考虑相关标准的制定时机，坚持适度超前原则。标准的制定时机过于超前，可能会使标准因缺乏实践基础而偏离主题，甚至给档案信息化工作造成误导；过于滞后，则会造成大量既成事实的不统一，要耗费大量的人力、物力进行返工。档案信息化标准规范建设，要在有初步经验的基础上，根据现实情况并结合未来档案信息化发展状况开展相关工作。

2. 坚持开放原则

当今社会是一个开放的社会，各行业的开放程度、行业之间的交叉融合程度越来越高。在进行档案信息化标准规范建设过程中，应自始至终坚持开放性原则。

（1）要采纳各种开放标准

开放标准是指那些知识产权明确属于公共领域、采用开放语言和标准格式描述、有可靠的公共登记和持续的维护机制、有可靠的开放转换和扩展机制、公开发布详细技术文件并可公共获取的标准规范。在档案信息化标准规范建设过程中，首先应考虑采用开放标准，既可以避免重复劳动，又可以保证较高的标准化水平。

（2）要采纳各种国际标准

国际标准是由国际标准化组织所制定的标准，是由世界各国的专家参与制定的，它含有大量科技成果和成熟的管理经验，代表当代科学技术和生产管理水平。档案信息化建设并不是我国独有的工作，世界各国的同行都在进行这一项工作，其中不乏一些起步较早、水平较高的档案信息化建设案例。

（3）要参照相关专业的信息化标准

"他山之石，可以攻玉。"档案工作与图书馆工作、情报工作、博物馆工作等相关专业工作存在一定的相似性。在进行档案信息化标准体系建设过程中，应充分吸收相关专业在信息化标准建设方面的成功经验，尤其是图书馆在信息化标准体系建设方面较成功的经验。

（4）要考虑与相关标准的兼容性

在制定本单位、本行业标准规范时，特别注意处理好和国际、国内、兴业、区域信息界相关标准规范的兼容关系，还要注意和其他相关领域，如电子政务、数字图书馆建设之间的兼容关系，以便在档案信息系统建设后能与其他相关系统顺利衔接，资源共享。

3. 动态管理原则

档案标准化过程并非一蹴而就，而要在实践中不断补充、提高、扩展。动态性原则是指要根据档案信息化建设的实践发展，对标准不断进行修订、充实和完善。档案信息化建设是一个长期的过程，在这个过程中，标准规范的对象会随着时间的变化而不断发生变化。特定的标准是根据特定的时间、特定的环境、特定的对象制定的，虽然要求标准制定者在制定标准时，要充分考虑到未来的变化，但是预测可能会有变化与偏差。因此，标准制定完毕后，要根据实施情况及规范对象的变化及时进行修订。由于信息技术发展迅猛，因此对档案信息化方面的标准，实施后 3~5 年就要进行审视。对于不适应实际的标准，要及时废止；对部分不适应的，要及时部分更新。标准规范的制定或修订既要针对档案信息化出现的新情况和新问题，又要尽量继承以前标准规范的条款，保持标准的稳定性，避免大起大落，使实践工作无所适从，陷于被动。

（二）标准规范建设的主要内容

档案信息化标准规范建设可以从管理、业务、技术和评价等层面来制定和推行。

1. 管理性标准规范

管理性标准规范是对电子档案信息资源建设和档案信息化建设、运行维护工作进行管理的一套规则，包括计算机安全法规与标准、数字档案信息资源合法性的确认等，它需要国家档案行政管理部门统一制定并推广实施，以保证电子档案信息的统一规范和资源共享。

档案信息化管理性标准规范包括两个方面：一是对人的管理性标准，主要是指对与档案信息化建设相关的人员进行管理的标准，包括档案工作人员管理标准、软件设计人员管理标准、用户管理标准、用户角色控制标准、用户权限审批标准等，明确档案工作人员的职责和任务及用户的权利和义务，以保证档案信息化建设各项工作的正常开展。二是对物的管理性标准，主要是指对数字档案信息资源实体的全过程规范化管理，以及对信息化设备，如机房、硬件、软件存储载体的规范化管理，主要规范这些资源可以给谁用、如何使用和如何保管的问题。

2. 业务性标准规范

业务性标准规范是对档案信息化及电子档案业务处理进行的规定，解决业务操作行为不统一的问题。其范围包含与档案信息化相关的术语标准：档案信息采集标准，包括数字信息资源建设所涉及的数字化加工、元数据、资源创建、描述等；信息管理标准，包括数字信息资源组织、资源互操作等；信息利用标准，包括数字信息资源检索、服务等；信息存储标准，包括数字信息资源长期保存等；电子档案的术语标准及管理规范，包括电子档案的基本术语、资源的标识、描述电子档案的文件格式、元数据格式、对象数据格式等。

3. 技术性标准规范

技术性标准规范是对档案信息化及电子档案管理有关技术应用进行的规定，主要解决技术应用不适当而导致的质量问题。其范围包括硬件基础设施建设技术标准、软件系统工作平台技术标准、数据存储压缩格式规范、数据长期保存格式规范、数据加密算法规范、网络数据传输规范、数字水印标准等。

4. 评价性标准规范

评价性标准规范是对档案信息化及电子档案管理的成果和效用进行评判的指标体系，包括档案信息系统（包括数字档案室、数字档案馆、电子文件归档管理等系统）的研制、档案信息资源的开发和利用、信息安全、信息技术应用的广度和深度、信息化人才开发、信息化的组织和控制、信息化的效益等评价的标准。其中信息资源开发和利用应该是测评指标体系中的重要部分，可细化为馆（室）藏档案数字化的数量、多媒体编研成果的种类和数量、数字信息的提供利用方式、数字档案的利用频率等。

（三）标准规范的贯彻落实

标准一旦颁布生效就应当具有严肃性和权威性。为了更好地落实档案信息化标准规范，要做好以下工作：一是档案信息化标准规范的宣传教育，通过举办专题培训班，或将有关标准内容纳入档案专业培训课程，宣传有关标准规范贯彻的意义、目的、内容、要求；二是采取行政手段，加强对档案信息化标准规范的宣传贯彻力度，做好常态化督促、检查和指导工作；三是将档案信息化标准规范的执行情况纳入信息化项目的评审、鉴定、验收程序和要求中，贯标通不过，责令整改，整改通不过，项目不予通过验收，从建设项目立项评估、可行性研究等前端开始，就给予强有力的标准指导和贯标监管；四是档案信息化标准规范建设要与时俱进，档案行政管理部门要收集贯标工作的信息反馈，及时发现标准规范脱离实际的情况，以便在调研分析的基础上对有关标准规范进行修订；五是档案信息化标准规范的修订要倾听行内有关领导、专家、业务骨干、计算机专业人员的意见，充分参考图书、情报、文博、电子商务、电子政务等相关标准，以便使标准规范做到向上、向下和横向兼容，确保其开放性、先进性和适用性。

第二节　信息安全保障系统

一、档案信息化建设管理安全法律法规体系

信息安全首先要建立档案信息安全法律法规体系，做到有法可依。该法律法规分布于档案专业的内部和外部，内部有涉及安全问题的档案法律法规，外部有涵盖档案管理的信息安全法律法规。

（一）涉及安全问题的档案法律法规

《中华人民共和国档案法》（以下简称《档案法》）是我国档案法律法规的基石，在《档案法》及其实施办法的基础上，近年来我国档案界陆续制定出一些关于或涉及档案信息安全的规章、标准和规范性文件。

（二）档案管理的信息安全法律法规

我国档案信息化建设尚处于发展初期，专门针对档案信息安全制定的法律法规较少，档案信息安全法律法规体系的主要内容仍由涵盖或涉及档案信息安全的信息安全法规构成。这些综合性的信息安全法律法规为档案信息安全提供了基本的法律规范，也应列入档案信息安全法律法规知晓和执行的范畴，同时对制定和完善档案信息化的专门法律法规具有依据和参考价值。

随着信息技术的不断发展，档案管理者应不断进行档案信息化安全管理的研究及跟踪最新的安全技术，对档案信息化安全管理工作的效果进行及时的分析和评估，不断完善安全防范体系。在保障档案信息安全的过程中，逐渐健全档案信息安全管理制度，提高管理人员的安全意识及管理水平，充分发挥档案工作人员、技术人员及用户的积极作用，为推动我国档案信息化安全保障工作贡献力量。

二、档案信息化安全管理体系

档案信息安全是基于技术的管理工程。从管理层面上讲，就是要确保档案信息的安全，必须在风险分析的基础上确立档案信息安全的策略、方针和目标，成立相应的管理机构、确立合理的管理机制、制订安全管理计划、分解安全管理职责、执行安全管理制度和

管理标准、建立并实施完善的档案信息安全体系。因此，风险识别与风险评估是档案信息安全管理的基础，风险控制则是安全管理的最终目的。

（一）档案信息安全系统管理模式

新的风险在不断出现，档案信息系统的安全需求也会随之不断变化，因此，安全管理应是动态的、不断改进的持续发展的过程。档案信息安全管理模型可选择 PDCA 模式，即计划（Plan）、执行（Do）、检查（Check）和行动（Action）的持续改进模式。采用 PDCA 管理模式，每一次的安全管理活动循环都是在已有的安全管理策略指导下进行的，每次循环都会通过检查环节发现新的问题并采取行动予以改进，从而形成安全管理策略和活动的螺旋式提升。

把 PDCA 管理模式与安全要求、风险分析有机地结合在一起，考虑了信息安全中的非技术因素，同时加强了信息安全管理，具有广泛的适用性。

（二）档案信息安全系统管理的具体实施

在档案信息安全管理模式中，档案信息安全管理中心是整个系统的核心，每一个环节都要定期地与档案信息安全管理中心进行安全信息交流，当档案信息安全管理中心认为有必要对其安全目标进行修改时，要及时向上级领导汇报，等待最终的定夺。

1. 完善组织机构

有条件的档案部门可以成立档案信息安全管理中心，负责实施和监控整个档案信息安全管理活动。安全管理中的每一个环节都必须与安全管理中心进行信息交流，安全管理中心还具备评价数字档案信息安全管理体系运作情况的功能，可以对安全方针、安全制度和安全措施的实施结果进行调查，并分析这些安全举措对档案信息安全的影响，然后提出相应的改进方案。数字档案信息安全管理中心由部门领导、信息管理专家、信息技术专家和技术雄厚、人员稳定的开发队伍及有关的工作人员组成。

2. 进行风险评估

根据最新的研究数据，在全部的计算机安全事件中，约有 60% 是人为因素造成的，属于管理方面的失误比重高达 70% 以上，在这些安全问题中 95% 是可以通过科学的风险评估来避免的。

因此，档案部门必须清楚档案信息系统现有及潜在的风险，充分评估风险可能带来的威胁和影响，这是档案信息化建设必须首先解决的问题，也是制定信息安全策略的基础与依据。进行风险评估，不只在明确风险，更重要的是为数字档案信息安全管理提供基础和依据。

　　风险评估是一项费时、需要人力支持和相关专业或业务知识支持的工作。风险评估应遵循以下原则：①安全、风险和成本均衡分析原则，即用最小的成本达到适度安全的需求；②整体性原则，运用系统工程的原理进行网络信息安全的整体解决方案设计，以达到完整性的要求；③可用性和易操作性原则，信息安全系统对于操作者应该是可用的，操作应该是简单易行的；④适应性和灵活性原则，安全策略必须随着网络性能和安全需求的变化而变化，适应性强，易修改。

　　3. 制定安全策略

　　制定档案信息的安全策略，要在完善配套、科学合理的有关数字档案信息安全的法制和标准体系下，通过有效的信息安全技术和安全管理遏制来自外部和内部的攻击，增强安全防护能力和隐患发现能力，确保数字档案信息资源内容和信息载体的安全，达到所需的安全级别，具体安全策略可分为内部建设安全策略和网间互联安全策略等，循序渐进逐步加以完善，最终形成功能强大的数字档案信息安全管理体系。

　　制定安全策略时不能脱离实际，过于理论化或限制性太强的安全策略可能导致工作人员的漠视。因此，在安全策略制定时必须遵循以下原则：越符合现状越容易推行；越简单越容易操作；改动越小越容易被接受。档案信息安全策略需要根据信息技术发展、自身的安全需求进行不断修改和更新，以保证档案信息安全不受新的信息安全风险的影响。

　　4. 开展数字档案信息安全管理培训

　　开展数字档案信息安全培训是档案信息安全管理体系的重要环节之一，特别是各关键岗位的人员，对档案信息的安全起到重要作用。在实际工作中，大部分档案信息安全问题都是由人为因素造成的。人本身就是一个复杂的信息处理系统，还会受到自身生理因素和心理因素的影响，受到技术熟练程度、责任心和道德品质等多方面的影响。因此，对档案部门工作人员的培训不应是"一次性"的活动，要定期对人员进行安全策略及安全技术的"应知、应会"培训，尤其是安全策略更改或面临新的安全风险、部署新的安全解决方案后，更要对其加强培训，以保证安全策略的有效程度。

　　5. 贯彻执行管理决策

　　管理决策的贯彻执行必须依靠人来完成，虽然档案信息安全保障体系的建设涉及档案部门各个方面的因素，但归根结底的因素是人。没有机构人员的认可、理解与支持，就没有实施数字档案信息安全管理保障体系的前提；没有档案部门的有力组织协调，则很难保证信息系统建设的顺利进行；没有相关实施人员的互相配合和出色工作，无法使信息系统中各模块的信息无缝集成；没有具体业务人员及时准确地收集各种基础信息，就没有信息系统的输出；没有资深咨询顾问的正确指导，信息系统实施就难免多走弯路，甚至有可能失败。

6. 持续完善管理体系

首先，确定待评价系统的边界和范围，明确评价的目的以系统整体为立足点，总体分析各方面的效益与成本，及其与系统各构成部分的关系；其次，确定待评价系统的状态与所处的阶段，如可行性分析、总体设计、系统开发与运行等各阶段；再次，选择适当的评价方法，如结果观察法、类比-对比法、专家评价法或评分法等，确定适当的评价指标；最后，收集有关数据、资料进行分析、计算，得出评价结果，并将评价结果书面化。根据评价结果进行不断完善，提高档案信息安全管理体系及具体实施过程的有效性和效率，以满足自身用户和其他相关方日益增长和不断变化的需求与期望。

三、档案信息化建设管理安全技术体系

目前，档案信息安全在技术方面主要采用信息加密技术、信息确认技术、访问控制技术、病毒防治技术、审计技术、防写技术等。

（一）信息加密技术

加密是保障信息安全最基本、最经济的技术措施，也是大多数信息防护措施的技术基础。加密的作用是防止敏感的或有密级限制的信息在传输过程中泄密。

文件加密所采取的加密算法形形色色。据不完全统计，目前已经公开发表的加密算法多达数百种。电子文件加密的基本过程是：存储或传输前将原先借助相应的软件可以识读的数码序列（称为明文）通过数学变换（加密运算）变成无法识读的"乱码"（称为密文或密码）；利用时再通过数学变换（解密运算）将"乱码"还原成可以识读的数码序列。其中，加密运算和解密运算都是在一组密钥控制下进行的，密钥是控制加密算法和解密算法实现的关键数据。

密钥对非授权者是保密的，因此可防止非法用户破解密钥而窃获文件内容。根据文件加密和解密时所使用的密钥是否相同，加密算法可以分为对称加密解密法和非对称加密解密法两种。

在对称加密解密法中，加密密钥和解密密钥是相同的，或者知道其中一个密码就可以方便地推算出另外一个密码，因此密钥必须绝对保密。问题是，在发送加密文件之前首先通过安全渠道将密钥分发到双方手中，其传递中很容易造成密钥泄漏。而且，如果某涉密文件分发的单位多，密钥的安全控制会有很大的难度。这种方法在对涉密文件进行静态管理时比较有效，如自己撰写的保密文件给自己使用，防止被人偷看。目前，Word、Excel文件的加密就是采用对称加密解密法。

然而，如果涉密文件需要传输，特别在大范围传播时，就要用下面的方法：非对称（又称双钥）加密解密法中，加密方和解密方使用的密钥是不相同的，密件经办人须预先准备两把钥匙，一把公钥，一把私钥。当发送密文时，发送者使用收文者的公钥，将文件加密后发给收文者，收文者收到密文后，用自己的私钥解密文件。由于只有拥有该私钥的收文者才能解密这份文件，所以文件的传递过程是安全的。

（二）信息确认技术

对于纸质文件，以往用书面签署或签印的形式将责任者名或责任者特征（如指纹）固化到文件载体上，借助纸质文件载体与内容的不可分离性来证明文件内容的原始性和真实性，使文件具备法律效用。这种方法显然不适合不具有恒定载体的电子文件。对于虚拟流动的电子文件，信息确认技术起到了相当于签署纸质文件的作用。

信息确认技术是通过一定的技术手段防止文件的内容被非法伪造、篡改和假冒，同时用来确认文件的发出、接收过程及利用者身份和权限的合法性。完善的信息确认方案应能实现以下四个目标：第一，合法的文件接收者能够验证其收到的档案文件是否真实；第二，发文者无法抵赖自己发出了所发的文件；第三，合法发文者以外的人无法伪造文件；第四，发生争执时，具有仲裁的依据。

实现上述目标要综合采用多种技术手段，目前常用的有数字摘要技术、数字签名技术和数字水印技术。

1. 数字摘要技术

文件的发送者采用某种特定算法（摘要函数算法）对发文进行运算，获得相应的摘要（验证码），摘要具有这样的性质：如果改变发送文件的内容，即便只是其中一个比特，获得的摘要将发生不可预测的改变。摘要将作为发送文件的一部分附加在文件后一起发出，接收者则利用双方事先约定好的摘要算法对收到的文件做同样运算，并比较运算所得的摘要与随文件发送来的摘要是否一致，以此鉴定收到的文件是否在发送过程中受到篡改。如果摘要函数（相当于前面的密钥）仅为收发文件的双方所知，通过上述报文认证即可达到信息确认的上述四个目标。这种方法的缺点是：因收发文双方使用相同的摘要函数，因而摘要函数本身的安全保密性是一个很大的问题，多次使用的摘要函数一旦被第三者窃获，报文认证便不再安全。

2. 数字签名技术

随着《中华人民共和国电子签名法》的生效，数字签名在法律与技术上走向成熟。数字签名是指数据电文中以电子形式所含、所附用于识别签名人身份并表明签名人认可其中内容的数据，而数据电文是指以电子、光学、磁或者类似手段生成、发送、接收或者储存的信息。

从技术上看，数字签名是非对称加密技术的一种，其基本原理类似于上述报文摘要技术。首先，签名者使用签名软件对拟发送的数据电文（电子文件）进行散列函数运算，生成报文摘要；其次，由签名软件使用签名者的私钥对摘要进行加密，加密后的报文摘要附着在电子文件之后，连同签名者从认证机构处获得的认证证书（用以证明其签名来源的合法性和可靠性）一同传送给文件接收者。文件接收者在收到上述信息后，首先使用软件用同样的散列函数算法对传来的电子文件进行运算，生成报文摘要，同时使用签名者的公钥对传送而来的报文摘要进行解密，将解密后的报文摘要和接收者运算生成的报文摘要进行比较，如果两个摘要一样，就表明接收者成功核实了数字签名。在核实数字签名的同时，接收者的软件还要验证签名者认证证书的真伪，以确保证书是由可信赖的认证机构颁发的。经核实的数字签名向文件的接收者保证了两点：第一，文件内容未经改动；第二，信息的确来自签名者。

签名者所用的数字签名制作工具（公钥、私钥、散列函数、软件等），不是由签名者自行制作的，而是由合法成立的第三方电子认证服务机构在充分验证发文者真实身份后提供的。电子认证服务机构颁发的数字签名制作数据及认证证书相当于网上身份证，帮助收文、发文者识别对方身份和表明自身的身份，具有真实性和防抵赖功能。与物理身份证不同的是认证证书还具有安全、保密、防篡改的特性，可对电子文件信息的传输提供有效的安全保护。

3. 数字水印技术

数字水印类似于传统印刷品上的水印，用以鉴别电子文档的真伪。数字水印技术是在传输的文本、图像、音频、视频等电子文件中附加一个几乎抹不掉的印记，无论文件做何种格式变换或处理，其中水印不会变化。该印记在通常状态下隐匿不现，除非用特殊技术检测。

一旦这种水印遭到损坏，文件数据也会受到破坏。上述信息确认技术的实质是：文件发送者将签署信息（加密运算方法）以不可分离的方式与文件内容（而不是纸质文件的载体）"编织"一体，使他人无法在不改变签署信息的前提下改变文件内容，或者相反（就像无法不改变载体而改变纸质文件上的内容一样），而收文者则通过验证其信息内容中的签署信息来证实文件内容的原始性和发文者的原真性。

（三）访问控制技术

访问控制是信息系统安全防范和保护的主要策略，其任务是杜绝对系统内电子文件信息的非法利用和蓄意破坏。访问控制技术种类繁多，且相互交叉，目前主要有以下两类：

1. 防火墙

防火墙是设置在被保护文件系统和外部网络之间的一道屏障，以防止发生不可预测的、潜在的、破坏性的侵入，它可通过监测、限制跨越防火墙的数据流，尽可能地对外屏蔽系统内部的信息、结构和运行状况，实现内部网络的安全保护。防火墙可分为外部防火墙和内部防火墙，前者在内部网络和外部网络之间建立一个保护层，以防止"黑客"的侵袭，挡住外来非法信息，并控制敏感信息被泄露；后者将内部网络分隔成多个局域网，以此控制越权访问。防火墙可以是一个路由器、一台主机，也可以是路由器、主机和相关软件的集合。

电子文件系统在选择、使用防火墙时，应对防火墙所采用的技术、种类、安全性能及不足之处有充分认识。

第一，认真权衡防火墙的安全性能和通信效率，在文件安全和方便利用两者之间将安全放在第一位。

第二，对中小型的文件管理系统，如果系统内外交换的信息量不是很大，信息重要程度属于一般，可以采用数据包过滤和代理服务型防火墙；而对大型文件管理系统或信息安全要求较高的系统，可以考虑采用复合型防火墙。在系统安全和投资费用之间应进行权衡，不可不计代价地追求超出可能风险的安全性。

第三，对防火墙进行管理时，除了解防火墙的益处之外，还应了解防火墙自身的局限与不足。

第四，使用防火墙对外隔离时，不能忽视防火墙内部的管理，因为许多攻击来自内部。必要时可设置第二道防火墙，使内部网络服务器对内也被隔离（但这样会大大降低系统的效率）。

第五，为更好地保护文件管理系统，尽量考虑采用国内自主研发的防火墙产品。

第六，防火墙属于信息安全产品，国家规定实行强制认证，在文件管理系统中使用的防火墙必须是经国家认证的产品。

2. 身份验证

为防止未经授权的用户操作文件管理系统中的各类资源，通常在用户登录或实施某项操作之前，系统将对其身份进行验证，并根据事先的设定来决定是否允许其执行该项操作。验证过程对用户而言就是要提供其本人是谁的证明。身份验证的方法很多，并且不断发展。但其验证对象有三：所知信息（如口令）、所持实物（如智能卡）、所具特征（如指纹、视网膜血管图、语音等）。口令是最普通的手段，但可靠性不高，智能化的"口令"是系统向被验证者发问的一系列随机性问题，以其回答来验证身份；以指纹、视网膜血管图、声波纹进行识别的可靠性较高，但须要使用指纹机等特征采集设备，代价较大；智能卡技术将逐步成为身份验证技术的首选方案。智能卡是密钥的一种媒体，形状如信用卡，由授权用户持有并由该用户赋予其一个口令或密码，该密码与内部网络服务器上注册的密码一致。为提高身份验证的可靠性，可将上述三种手段结合起来使用。

（四）病毒防治技术

即使采用防火墙、身份验证和加密技术，文件系统仍然可能遭到病毒的攻击。

防治病毒包括两个方面：一是预防，在系统或载体未染毒之前采取有效措施，防止病毒感染；二是杀毒，在确认系统或载体已染毒后彻底将其清除。防毒是根本，杀毒则是补救措施，目前普遍使用的是以特征扫描为基础的杀毒软件。

（五）审计技术

审计技术旨在记录电子文件运行处理的全部过程，抑制非法使用系统的行为。采用审计技术的电子文件管理系统将自动记录下系统运行的全部情况，形成系统日志。系统日志类似于飞机上的"黑匣子"，是系统运行的记录集，内容包括与数据、程序及和系统资源相关的全部事件的记录，如机器的使用时间、敏感操作、违纪操作等。审计记录为电子文件真实性的认证提供了最基本的证据，借助系统日志，管理员可以分析出系统运行的情况，追踪事件过程、排除系统故障、侦查恶意事件、维护系统安全、优化对系统资源的使用。

（六）防写技术

防写技术是保障电子文件内容不被修改所采取的安全技术，其目的是通过技术手段来固定处于静态的电子文件的内容信息。大多数文件管理系统具有将运行其中的文件属性设置为"只读"状态的功能，在只读状态下，文件内容只能读取，不能更改，除非具有高级权限的用户来更改文件的"只读"属性。另一个简单的技术手段是将文件内容刻录到CD-R光盘、WORM磁盘等一次性写入存储介质上，这些不可逆式（无法改写已写入的内容）的存储载体有效防止了对静态电子文件内容的改动，保证了电子文件的真实性和完整性。

第三节　人才队伍保障体系

一、档案人才队伍的素养要求

（一）创新思想观念

观念虽然无形，但是对提升档案信息化人才的决策能力和执行能力具有决定性的作用，因此要培育以下七种新思维：

1. 开拓思维

树立追求理想、崇尚科技、奋力改革、不断开放、不畏艰险、不甘落后、奋勇拼搏、图存图强的开拓意识，破除守旧、畏难、不作为的落后意识。

2. 战略思维

战略是对事业发展全局性、长远性的谋划，战略眼光是大视野、战略目标是大手笔。为此要将档案信息化和社会发展的大趋势，如改革开放、经济繁荣、知识管理、文化传播等紧密联系起来，形成科学的"顶层设计"，自上而下、积极稳步地组织和推进档案信息化工作，改变过去各自为政、分头重复建设的粗放型发展格局。

3. 策略思维

策略是又快又好地实现战略目标的最佳路径。针对当前档案信息化的薄弱环节，应当实行"内合外联"的策略，即对内实行档案技术和信息资源的整合，以整合的实力提升外联的能力；对外实行与外部信息系统的外联，将优质档案信息资源接收进来、辐射出去，使档案信息系统成为社会信息的集散枢纽。

4. 人本思维

档案信息系统要真正做到"以用户为中心"，即以档案利用者和档案管理者应用度、满意度作为信息系统建设的出发点和归属点。为此，信息系统要尽可能满足用户，特别是社会大众的需求，且做到操作简便、界面友好、人性化。

5. 开放思维

网络化是一个开放的平台，只有开放才能充分发挥网络化的优势。因此，档案信息系统要积极致力于与各种社会信息系统互联互通、无缝对接，在互联中获取更多的数字档案资源，在网络化服务中提升档案工作的社会影响力和认可度。

6. 忧患思维

电子档案的存储密集性、传播快捷性、技术依赖性和表现虚拟性，使其失真、失全、失效、失密的风险日益增大，而且数字化带来的灾难往往具有一瞬间、毁灭性的特点。因此，从事档案信息化建设工作要居安思危、未雨绸缪、警钟长鸣，一手抓技防，一手抓人防、两手都要硬。

7. 辩证思维

档案信息化会遇到许多矛盾的对立面和统一体，如资金的投入与产出、数据的存入与取出、配置的集中与分散、信息的共享与保密、文件的有纸与无纸、资源的增量与存量等，需要我们用联系的观点和发展的眼光去看问题，处理好对立统一的关系，避免非此即彼或顾此失彼的僵化思维方式。

（二）重构知识结构

按照档案信息化的需要，现代档案管理者的知识结构要做以下补充：

1. 信息鉴定知识

信息时代的档案信息在规模上是海量的、在门类上是多维的、在价值上是多元的。档案管理者只有具备电子档案信息内容价值和技术状况的鉴定知识，才能及时、准确地捕捉和收集具有档案价值的信息，并根据其重要程度划定保管期限。

2. 科学决策知识

档案信息化迫切需要科学规划。档案管理者只有具备开展调查研究、制订科学战略规划和规划实施方案的能力，才能把握大局、把握方向、登高望远、运筹帷幄，避免信息化走弯路、受损失。

3. 宏观管理知识

档案行政管理是档案信息化的直接动力。档案管理者应具备组织、指挥档案信息化工作的业务能力，有关档案信息化法规、制度、标准、规范的专业知识，以及从档案业务和信息技术的结合上依法行政的执行力。

4. 需求分析知识

档案信息系统建设须以用户为中心、以需求为导向。为此，档案管理者应能对档案信息的现实用户和潜在用户、当前需求和未来用户需求、本单位内部需求和社会大众需求，进行全面的、前瞻的分析，并对档案信息系统的信息需求、功能需求和性能需求进行准确的描述和规范的表述。

5. 系统开发知识

为了实现档案业务和信息技术的完美结合，档案管理者必须全程、深度参与档案管理信息系统开发。为此，档案管理者要学一点软件工程的理论和软件开发的技术，学会用信息技术的专业语言与信息技术人员进行沟通，准确表达档案管理者对信息系统建设的需求。

6. 系统评价知识

评价是系统维护和改进的前提。档案管理者要具备评价档案信息系统质量的能力，能从档案管理和计算机技术的专业角度，评价档案信息系统的间接效益和直接效益，评价系统管理指标、经济指标和性能指标，并能对系统存在的问题提出改进的意见和建议。

（三）提升操作技术

1. 信息输入技术

能够采用传统的键盘输入技术，先进的语音、文字、图像识别输入技术，数据导入、导出转储技术，数码摄影、摄像技术，快速、准确地输入文字、图像、声音、视频等信息。

2. 信息加工技术

能够采用信息检索工具，从指定的网页、服务器、脱机载体中采集档案信息；按照档案的形式和内容特征进行分类；按照档案的内在联系进行组件、组卷或组盘；采用自动或手动方式对档案进行著录和标引，以及对档案元数据进行采集、封装和管理。

3. 信息保护技术

熟悉或掌握数据库管理、数据组织、数据迁移、数据加密、数字签名、脱机存储、网络访问控制、数据容灾及维护电子档案真实性、完整性、有效性和安全性等技术。

4. 信息处理技术

熟悉或掌握文本编辑、图像处理、视频编辑、文件格式转换、数据下载或上传等技术；了解或掌握档案多媒体编研技术，能围绕特定主题，将编研素材编辑制作出档案编研成果。

5. 信息查询技术

能够按照用户查档要求，正确选择检索项、关键词、主题词、分类号，并正确组织检索表达式，对在线或离线保存的文本、超文本全文信息进行检索，并对检索结果进行打印、下载、排序、转发等处理。

6. 信息传输技术

包括采用电子邮件、短信、微博、微信等手段接收和传播文本型、图像型、声音型、视频等各类档案信息。

(四) 优化队伍结构

档案信息化建设的人才队伍至少需要以下四种类型的专业人才,特别需要兼备两种以上特质的跨界复合型人才。

1. 研究型人才

档案信息化需要科学的理论指导,没有理论指导的实践是盲目的实践,脱离实践的理论是空洞的理论。研究型人才是理论的探索者和实践的导向者,其主要责任是:研究档案信息系统建设的理论;探索电子文件归档管理和电子档案科学保管、远程利用的方法;研究新技术、新方法在档案领域的应用;研究和开发先进的档案信息管理软件;提出电子文件和数字档案管理的标准规范;主持或参与档案信息化科研工作;从理论和实践的结合上指导档案信息化工作的开展;培养档案信息化建设人才。目前,档案信息化研究者主要由档案信息化工作者和高校师生构成,他们有各自的优势,却又在理论或实践方面存在各自的不足。最好是两方面研究者进行强强联合、优势互补,促进理论和实践的紧密结合和良性互动。

2. 管理型人才

档案信息化是复杂的系统工程,须要实行严格的目标管理和精细的过程控制。管理型人才的主要责任是:掌握国内外档案信息化建设的现状、经验教训、发展趋势;制订切实可行的档案信息化战略规划和实施方案;制定相关的管理办法和标准;组织、指挥、督促、指导本地区及本单位的档案信息化工作;协调档案信息化建设和其他外部信息系统建设之间的关系;培养和使用档案信息化人才资源;有效筹集和合理使用信息化建设资金等。目前,各机构的档案信息化管理职能多数由档案管理人员担任,他们具有传统档案管理的理论知识和实践经验,但往往缺乏信息化知识和技能,又由于公务繁忙,缺乏接受信息技术继续教育的机会,可能造成档案信息化管理上的缺位或错位。亟待通过各种途径,提高现有档案行政干部的信息化素养。

3. 操作型人才

档案信息化涉及的环节多、操作性强,需要一大批既懂档案管理业务,又熟悉计算机操作技能的操作型人才。这类人才的主要责任是应用计算机网络技术,从事档案数据积累、归档、组卷(组件)、分类、编目、扫描、保管、鉴定、检索、数据备份等操作,他们的工作重复、枯燥，容易因疲劳、烦躁而出差错。而他们的工作责任心和操作能力，直接关系档案信息资源的安全、质量和价值。对他们的素质要求是具备强烈的信息安全意识、高度的工作责任心和熟练的操作技能。例如，纸质档案扫描，要求熟练掌握规范的操作流程和方法，以及必要的图像处理技术。

4.其他类型人才

（1）法律人才

档案信息化建设，特别是网站建设，可能涉及保密、隐私保护、知识产权、合同管理、网络安全等法律问题，需要具有相关法律知识的人才提供法律支持。

（2）外语人才

外资、中外合资企业的档案信息系统和档案信息资源往往涉及大量的外文，需要外语人才。

（3）数据库管理人才

数据库定义、运行维护、资源配置、权限设置、数据迁移等都需要数据库管理的专业知识，此项工作往往由本单位信息技术人员担任，如果数据库服务器设在档案部门，档案部门也要配备这样的专业人才。

（4）多媒体编研人才

如果本单位须要大量处理多媒体档案编研工作，则要配备必要的多媒体档案编研人才，以便从事对多媒体档案收集、整理和编辑工作。

需要指出的是，以上人才结构的落实，关键在档案部门的岗位设置。由于各单位受人力资源编制的限制，从实际出发，以上人才岗位的设置，既可以是专职的，也可以是兼职的，如果是兼职的话，不宜兼职过多，以免影响其专业能力的发挥。

二、档案人才队伍建设的策略

（一）预测与规划

人才的引进与培养不可能一蹴而就。特别是从档案队伍中培养信息化人才需要较长的时间。为此，各单位要按照本单位、本行业档案信息化长远规划和可行条件，分析人才总量、结构、分布与需求的差距，对人才需要进行前瞻性预测，对人才引进和培养方式进行决策、制订计划、纳入编制，然后有步骤地引进和培养人才。规划时要综合考虑到人才的知识结构、技能结构和类型结构。

（二）组织与管理

1. 加强人才队伍建设工作

各机构要真正树立起科技是第一生产力和人才是"第一资源"的意识，把档案信息化人才队伍建设工作摆上重要议事日程，定期讨论研究，解决人才配备、培养、使用中遇到的难题。

2. 加强人才资源的行政管理

人力资源管理人员要注重发现有潜质的人才，将他们安排在适当的岗位，为他们提供施展才华的舞台；要培养人才的创业精神和实践能力，对在信息化建设中做出贡献者给予必要的奖励；要提供必要的工作条件、保障经费，加强对信息化人员的继续教育和岗位培训，提高他们的综合素质、服务意识和档案信息安全意识；要重视对人才理论、人才成长规律和管理规律的研究，学习借鉴国外人才资源开发的经验。

3. 加强督促检查，狠抓落实

定期对档案信息化人才队伍建设情况进行调查研究、督促检查。建立一套符合人才成长规律的工作制度，营造适合人才成长的良好氛围，为建设素质优良、结构合理、队伍稳定、技术精湛、经验丰富并具有敬业精神的档案信息化人才队伍提供各种支持条件。

（三）培养与使用

1. 人才培养途径

（1）对现有档案人员的教育与培训

加强档案业务人员培训是解决档案信息化建设所需人才的主要措施，是提高现有档案人员信息化能力和技能的主要途径。

在培训方式方面，要把档案部门自主培训和社会辅助培训结合起来，发挥各方面的优势，增进培训效果。档案部门自主培训的方法包括：建立人才培训中心，根据实际需求分期分批地进行轮训，有条件的单位可以设立研究机构，培养高级信息人才。借助社会协助培养包括：利用高校优势，加大档案信息专业培训力度，与国内外教育或信息、技术机构合作建立人才培训中心，选拔有培养前途的档案业务人员到高校深造。

不管采取何种培训方式，首要的一点就是要有科学的规划和必要的投入。有了规划，人才培训机制才能得以建立，培训工作才能坚持始终。投入则是培训工作的资金保证，没有投入，即便有再好的规划，培训工作也难以落实。同时，要把档案信息化建设的实践作为锻炼队伍培训人才的过程，成为边学习、边实践，不断总结、不断提高档案业务人员信息化建设能力和实际操作技能的过程。

（2）引进人才

档案信息化建设需要的信息技术、信息管理专业人才，很难在短时期内从档案管理者中培养。为了满足急用之需，要从社会上引进 IT 人才。引进的人才一定要综合素质高，事业心、责任心强，信息技术能力强，团队协作意识强。为此，在引进人才时要严格审核，特别要考察其解决实际问题的能力，避免盲目引进。对引进的 IT 人才，要尽快使其掌握档案理论和业务知识。

（3）短期聘用人才

IT 人才也分各种层次和专长，他们适用于档案信息化建设的各个阶段和岗位，如系统分析员适用于系统建设的前期阶段。该阶段结束后，就不需要系统分析员了。因此，档案信息化建设中涉及的一些高级技术人才和纯技术性工作的人才，可以用外包、合作或聘用的办法加以解决。档案信息化建设所需要的法律人才、外语人才、多媒体编研人才、数据库管理人才、系统维护人才，也可以采取这种方式解决。

2. 人才培养方式

人才培养方式应当是多层次的。高等院校是档案信息化专业人才的培养基地，具有较强的师资力量、较高的科研水平和完备的教学设施，是我国档案人才培养的骨干和主体。因此，必须通过继续教育、岗位培训、专题短训等方式，对具有档案专业背景和信息技术背景的人才，按照"缺什么，补什么"的原则，进行各种专业知识和技能的突击培训，完善人才的知识结构，以解档案部门复合型人才缺乏的燃眉之急。

3. 人才的使用

档案信息化建设要想吸引人才、留住人才、调动人才为档案事业奉献的自觉性和主动性，就需要做到以下四点：制定相应的人才吸引政策；关注和解决档案信息化人才的切身利益；给人才安排适当的岗位，使其发挥专长；给人才提供继续教育和实现自身价值的机会，以"事业留人""感情留人""适当的待遇留人"，真正做到人尽其才、才尽其用。

第四节　信息技术保障体系

一、新一轮信息技术发展的"四化"

当今时代，在社会需求的驱动下，信息技术的发展精彩纷呈，并呈加速度的态势。归

纳起来有以下的"四化":

（一）移动化

笔记本电脑、智能手机、移动电视、平板电脑，以及各种电子阅读器的迅速普及，加上各种无线、宽带互联网技术的迅猛发展，使包括多媒体在内的各种信息的处理、传播具有更强的移动性、便捷性、普及性。人们对信息的获取和使用已经全面进入了移动化时代。

（二）融合化

主流网络和先进终端设备的融合，加上 4G、5G 移动通信和 Wi-Fi 无线宽带技术的普及，以及包括多媒体、高清、数码压缩、流媒体播放等影像技术的飞速发展，使人们可以利用碎片化时间上网工作、学习、交友、娱乐，从而使网络使用更加人性化、私密化、娱乐化、交互化、移动化，各种信息跨越时空，深入社会各领域，改变人类的生活方式。目前，新兴的信息技术，包括云计算、大数据、物联网等都是融合技术，"互联网+"代表了融合的发展趋势。档案信息化要密切关注和应用新型信息技术的融合优势。

（三）虚拟化

虚拟技术是利用计算机模拟某种时空环境，使人们在虚拟环境中感受真实环境，从而省却了置身真实环境所需的资金投入或安全风险。如虚拟终端技术可将某应用软件推送到低配置的终端机上，终端机只需要浏览器，不用下载和安装软件，即可享用千姿百态的网络资源。目前，虚拟终端、虚拟服务器、虚拟存储、虚拟桌面等技术迅猛发展，随着云技术的普及应用，虚拟技术与商业运作模式结合起来，必将迅速拓展到社会生活的各个方面。在档案信息化中，虚拟档案馆、虚拟档案室的应用将使数字档案馆、数字档案室建设向更加专业化、规模化、集成化和高效化方向发展，使未来档案信息系统以更低的成本和风险、更高的质量和效率运作。

（四）依存化

未来信息技术的应用都不是异军突起、孤军作战的，各种新技术必将更紧密地相互依存、集成，优势互补、浑然天成，如云技术就融合了网格技术、虚拟技术、分布技术、资源均衡技术等。同时，新技术的应用将更加依赖运行的环境体系，如云技术应用就要依靠法制化、规范化的商业运作模式。由此，对各种信息技术的综合化、集成化应用，以及在新技术应用中各种保障措施的及时配套跟进，将考验档案行业驾驭信息技术的能力和智慧。

二、云计算技术在档案信息化中的应用

云计算是当前信息技术领域的热门话题之一，正受到社会各界的高度关注，并将使档案信息化面临一系列新的机遇和挑战。

（一）云计算的概念及特征

云计算是一种基于互联网的计算方式。这种方式利用分布式计算和虚拟资源管理等技术，通过网络统一组织和灵活调用，将分散的信息资源集中起来形成共享的资源池，并以动态按需和可度量的方式，向使用各种形式终端的用户提供服务。在云计算环境中，应用软件直接安装到了云端的服务器中，而不是用户终端上，用户仅需要通过 Web 浏览器登录到云端的管理平台就可以使用软件并得到所需服务。云是对计算服务模式和技术实现的形象比喻。云由大量基础单元——云元组成，各个云元之间由网络连接，汇聚成为庞大的资源池。

按照云计算服务提供的资源所在的层次不同，可以分为 IaaS（基础设施即服务）、PaaS（平台即服务）和 SaaS（软件即服务）三种服务方式；根据服务对象的不同，则可以分为面向机构内部提供服务的私有云、面向公众使用的公有云及二者相结合的混合云等。

（二）云计算用于档案信息化建设的优势

采用云计算技术能够为档案信息化建设带来诸多益处。

1. 实现档案信息资源共享

通过云计算，档案部门可避免因档案管理系统软件的多头开发所造成的"信息资源孤岛"现象，可在不同地域档案部门之间共同构筑档案信息资源"共享池"，实现电子档案资源的高度集中统一管理和广泛共享。

2. 节省投资成本及运维费用

众多档案部门不再需要构建自成体系的软硬件平台，而以极低的成本投入获得极高的运算能力，大幅度降低运维费用和提高运维效率。

3. 提高信息系统的安全性

以往档案馆中的数据都集中在本馆的服务器上，一旦服务器出现故障，档案馆就无法

为用户提供正常的服务，甚至导致数据的丢失。而采用云计算就会存在大量服务器，即使某台服务器出现故障，其他服务器也可以在极短的时间内将故障服务器中的数据拷贝到其他服务器上，并启动新服务器，继续提供无间断服务。

4. 解决人才短缺问题

云计算的档案信息系统维护都由云端技术人员负责，与目前各档案部门配备专门的信息技术人员的做法相比，既专业又节约人力成本。

（三）云计算对档案信息化的保障

目前，档案信息化面临资源整合难、数据集中难、系统运维难、资金投入难、人才引进难等诸多难题。云计算技术的出现，将为档案部门走出困境提供新的思路。

1. 档案信息化基础设施保障

由于经济水平的差异，不同地区对档案信息化建设的投入也存在较大差别。经费紧张的地区难以满足基础设施建设的需求；而经济发达地区的基础设施资源存在一些闲置的现象。为此，档案部门可以采用云计算的"基础设施即服务"方式，整合档案行业的服务器、存储器等设备，通过"云"平台，向各级档案部门提供基础设施服务，不仅可以避免设施建设重复投入的浪费，也可以减少技术力量较弱档案部门的系统运维开支。

2. 档案信息化业务平台保障

档案管理应用系统的研发和运维需要档案部门投入大量资金和人力，尚且难以确保应用系统的质量。采用"平台即服务"模式，各级档案部门可以集中使用资金和优秀的人才，研制和推广通用的档案管理软件，既可避免软件重复研制的资金投入，又可通过通用软件的推广，改变过去因重复建设造成数据异构、平台异构、流程异构，档案信息资源难以互联共享的弊端。

3. 档案信息化高效利用保障

如何通过档案的社会化服务，增强档案社会利用价值、提高社会的档案意识，是新形势下加强和改进档案工作的重要课题。

依托部署在云端的档案资源管理体系，公众可便捷地获得数字档案资源，并开展不同专题的档案编研；也可以将家庭档案和个人收藏制作成精美的网络展览推入云端共享；还可以利用云端提供的一站式检索功能获得跨专业、跨地区的档案信息。

在国家档案局开展的"中国档案云"项目中，已建设了以云计算技术为依托，覆盖全国各级综合档案馆，为社会提供统一查询利用开放档案信息的专业化平台，该门户网站被命名为"中国记忆"。

三、大数据技术在档案信息化中的应用

（一）大数据概念探析

大数据从出现至今，一直都是全社会关注的焦点，至今仍无公认的定义。对于大数据，可以从资源、技术、应用三个层次理解，"大数据是具有体量大、结构多样、时效强等特征的数据；处理大数据须采用新型计算架构和智能算法等新技术；大数据的应用强调以新的理念应用于辅助决策、发现新的知识，更强调在线闭环的业务流程优化"。大数据不仅"大"，而且"新"，是新资源、新工具和新应用的综合体。

（二）大数据关键技术

从数据在信息系统中的生命周期来看，大数据从数据源经过分析挖掘到最终获得价值一般需要经过五个主要环节，包括数据准备、数据存储与管理、计算处理、数据分析和知识展现。对于数据准备环节和知识展现环节来说，大数据所带来的变化只体现在量上，而对数据分析、计算和存储三个环节则有较大影响，要重构技术架构和算法，而这也将成为当前和未来一段时间内大数据技术创新的焦点。

1. 数据准备环节

大数据数量庞大、格式多样，质量也良莠不齐，因此，在数据准备环节必须对其进行格式的规范化处理，为后续的存储与管理奠定基础。此外，要在尽可能保留原有语义的情况下去粗取精，消除数据噪声。

2. 数据存储与管理环节

当前全球数据量以50%的速度不断增长，数据的海量化和快增长特征是大数据对存储技术提出的首要挑战。大数据对存储技术提出的另一挑战则是多种数据格式的适应能力。格式多样化是大数据的主要特征之一，因此，大数据存储管理系统必须满足对各种非结构化数据进行高效管理的需求，非关系型数据库（NoSQL）应运而生。

3. 计算处理环节

大数据的计算是数据密集型计算，对计算单元和存储单元间的数据吞吐率要求极高，对性价比和扩展性的要求也非常高，分布式并行计算技术弥补了传统并行计算系统在速度、可扩展性和成本上的不足，适应大数据计算分析的新需求。

4. 数据分析环节

数据分析环节是大数据价值挖掘的关键。目前，大数据分析主要有两条技术路线：其一是凭借经验知识人工建立数学模型分析数据；其二则是通过建立人工智能系统，使用大量样本数据进行训练，让机器代替人工，获得从数据中提取知识的能力。人工智能和机器学习能够更好地适应当前的大数据环境，具有良好的前景。

5. 知识展现环节

在大数据服务于决策支持场景下，以直观的方式将分析结果呈现给用户，是大数据分析的重要环节。如何让分析结果易于理解是主要挑战。但是在嵌入多业务的闭环大数据应用中，一般是由机器根据算法直接应用分析结果而无须进行人工干预，这种场景下知识展现环节则不是必需的。

（三）大数据对档案信息化的保障

1. 档案数据高效存储保障

目前，馆藏数字档案量已经从 TB 级别跃升至 PB 级别。与此同时，科技进步衍生出的数据呈现出分布式和异构性特点，需要归档的数字资源繁多，包含结构化、非结构化和半结构化数据。非结构化数据如文本、图片、各类表格、图像和音视频等，半结构化数据如 E-mail、HTML 文档等，都不便于使用关系数据库二维逻辑表来表现。

传统关系型数据库已经无法满足对数量庞大、类型多样的档案资源的组织与管理需求，要引入大数据管理系统对档案进行分布式存储、快速检索。大数据存储方法有很多种，都具有一些共同的特点，即利用硬件的优势，使用可扩展的、并行的处理技术，采用非关系模型存储处理非结构化和半结构化的数据，并对大数据运用高级分析和可视化技术。

2. 档案数据价值挖掘保障

在档案数字资源中，不同的档案数据中蕴含的价值存在差异，有可能导致用户获取价值信息的难度增大。如何从这些资源中提炼、挖掘出有价值的档案信息，并以人们易于接受的方式传递给用户，是目前档案管理者必须解决的问题。大数据时代带来新的技术，为档案管理者提供解决问题的方式。档案管理者可以采用大数据技术，在海量档案数据中发现关联，从不同角度对其进行聚类和分类，以多维度、多层次的方式展现档案数据，将非结构化数据转换为结构化、半结构化数据，从而使用户更准确、更容易获得档案信息。必要时，还可以通过可视化技术，形成图形图像，直观地展示最终结果。从海量数据中分析潜在的知识决定着大数据时代档案管理的发展水平及方向，这也意味着大数据时代，档案管理的重心将向档案资源的数据分析、数据挖掘方向转移。

3. 档案数据高效利用保障

　　档案管理的目的是提供可利用的档案资源。大数据时代下的档案管理服务讲求时效性和便捷性，基于大数据技术可为实现网络信息服务的智能化、个性化、精品化提供支持工具。依托互联网技术，全方位地实现档案信息智能检索服务、档案信息决策服务及档案信息跟踪与推送服务。利用这些技术手段，彻底革除传统档案分类在档案管理中存在的诸多弊端，将档案事业发展推向又一个全新的高度。

第七章 特殊档案管理

第一节 体育档案管理

档案管理是体育服务中心管理制度化、规范化的重要组成部分。因此，要提升体育档案管理人员的水平，从而提高体育档案管理工作的效率。体育档案管理是将体育服务中心的体育工作和体育活动的档案进行管理，其中包括体育纸质档案及体育电子档案，或者其他相关资料。随着时代的不断发展，体育服务中心的相关管理工作也要做出改革，才能够更好地在档案管理方面做出相应的提升。

一、做好体育档案管理工作的意义

体育赛事举办越来越多、越来越精彩、越来越受欢迎，体育档案也应该受到足够的重视。对于体育服务中心来说，更应该重视体育档案的管理。对体育档案进行管理不仅是对相关资料进行记录和保存，还能通过对资料的分类和整理展现体育事业的发展历程和未来的发展趋势。通过收集和完善体育档案资料，对档案管理各项工作进行细致总结，结合新的管理模式优化体育档案管理工作，能够积累丰富的经验，更好地将档案积累的各项知识服务运用于日常活动的开展及其体育训练等各项工作中，提高档案的利用价值，从而让体育档案管理工作更好地推动群众体育工作、竞技体育工作、体育产业工作、体育文化工作等协调发展，提高竞技体育实力，提高全民健身意识，为更好实现体育强国建设助力。

二、体育部门档案管理工作的提升

（一）提高体育部门对体育档案的重视程度

改善体育档案管理的首要工作之一，就是要提高相关工作人员的工作认知和观念。体育档案管理人员要改变对档案管理的认识，学习冬奥会档案管理经验，按照相应的管理制度去开展体育档案管理工作，让体育档案管理更加规范化。体育服务中心可以结合开展学习体育历史发展活动提高档案管理人员的档案意识，拓宽档案收集领域，重视第一手资料。例如，重视对各训练队运动员的训练成绩、各项大型体育活动开展的过程资料、天气影响情况、图像分析等资料的收集和整理，定期移交档案资料，为体育服务中心做好相应的资源管理，使体育档案管理工作逐渐走向标准化，提高中心的资源利用率。

（二）加强体育档案人才队伍建设

通过招聘的方式引进人才是更好地建设体育档案管理人员队伍的方式之一。档案管理工作对于体育服务中心来说，不仅是一份简单的资料整理工作，而且是需要做好档案资料利用的工作。档案管理人员要做好相应的专业技术提升，提高自身的档案管理业务水平。包括档案资料的收集、保管及统计，并且能够掌握现代化信息技术，做好相应的资料处理，从而让体育档案更好地服务于体育服务中心的整体工作。要有专门负责体育档案管理工作的人员，档案管理人员不但要熟练掌握档案专业知识，还要积极学习有关档案的法规、条例，服务于日常档案管理工作。例如，档案的接收、管理、利用和移交等。在档案的资料利用方面，能够积极开发有利于档案管理工作的现代模式。具有较高素质的体育档案管理人才能够帮助体育服务中心建立更加完善的档案管理制度和工作流程，从而使体育档案更好地服务于整个体育工作，为培养运动员提供更好的数据分析服务，提高运动队伍的成绩，提供更多的科学依据、科学分析与研究，以利于培养输送更多的运动人才。例如，总结提炼大型赛事活动过程信息，获得经验、数据等资料，分析赛事运营模式，提供第一手体育产业资料，从而使大型赛事活动的举办更好地服务于全民健身活动的开展。全民健身活动的开展有利于体育产业链条的开发、有利于体育竞技活动的发展，服务于全民健身活动的主体、服务于体育竞技活动的发展，它们是相互作用的关系。这些，都源于专业的档案管理人才对于体育档案的管理，所以要加强人才队伍的建设。

（三）强化体育档案管理基础设施建设

体育服务中心是体育单位各方面工作的展现，要加强体育档案室的配备建设，一个好的档案室建设是一个单位的文化全貌的展现。档案是服务于国家和社会的，重视和加强档案管理基础设施建设，是每一个体育事业单位的责任和义务。目前，大多数体育单位的档案室的相关设备都需要更新。比如，对相关档案室的桌椅及电脑要做好相应的更新，防水、防盗、消防设备、打印扫描设备等要做好相应的设施建设和配备，要对库房等基础性建设的隐形的安全进行排查和必要建设。体育服务中心还可以利用互联网技术建设信息平台，档案管理人员通过平台将体育档案进行汇总与上传，将纸质资料进行备份，从而确保所有的档案资料都是完整的。

（四）完善体育档案管理的相关制度

新档案法强调从档案管理转向档案治理，是档案工作的未来发展趋势。档案工作是党和国家工作中不可缺少的基础性工作，档案治理体系和治理能力不仅是国家治理体系和治理能力的重要组成部分，也是国家治理体系和治理能力的重要支撑和保障。新档案法第九条规定，机关、团体、企事业单位和其他组织应当确定档案机构或者档案工作人员负责管理本单位的档案，并对所属单位的档案工作实行监督和指导。首先，在体育服务中心内要建立档案的网络框架，做好相应的资料归档和整理，并且对相应的制度进行完善，甚至可以形成地方法规。体育档案管理可以采取分工制，坚决贯彻统一领导、分级管理原则，让档案管理人员根据自身职责来开展工作。在体育档案管理实际工作中，实施考核和奖励的制度，提高档案管理人员的工作积极性，从而提高体育档案管理工作的效率。管得好体育档案才能用得好，用得好体育档案才能更好地发挥其重要作用，才能够助推群众体育、竞技体育、体育产业、体育文化的协调发展。体育单位有义务和责任完善制度，提高体育档案管理水平，确保体育档案事业发展与国家档案发展、国民经济和社会发展水平相适应。

在体育档案管理工作中，须要通过不断努力去完善相应的管理模式和制度，形成更加完善的管理体系，并且结合新时代新媒体技术助力档案管理工作的发展，提高档案管理人员的专业能力，从而提高体育服务中心的档案管理工作的效率和质量。

第二节　烈士档案管理

在当今和平的世界，虽没有严酷的战争，但烈士的英勇事迹却值得我们为此世代流传。烈士档案就是为了保存和纪念仁人志士在抗战过程中的事迹，为后人所记录形成的各种历史资料。包括多种表现形式，例如，文字资料、影像资料、生活物品等储存形式。后人通过了解烈士档案，尤其是红色档案资料，对弘扬爱国主义精神具有突出的应用价值，有利于我国的精神文明建设。因此，烈士档案资源管理在我们日常工作中应当引起足够的重视，优化档案管理方案，提高档案管理人员专业水平，运用科技服务档案管理工作，以及从法律的角度高度重视烈士档案的重要性。

一、烈士档案管理重要性分析

在计算机还未普及之前档案文件管理都是由工作人员人工存档、调阅的方式操作的。

随着时代的发展，我国充分发挥档案资源的价值，探索档案行政职能转变的新途径。目前，信息数据和档案管理都已经向数字化进程迈进，并实现了档案管理的数字化、智能化和信息化。具有存储和调用功能的计算机档案管理广泛应用于图书馆管理中，高校内部的图书馆管理系统的安全性、封闭性都能够得到一定程度的保证，但是也存在内部的数据缺少，不能保证档案管理中的数据安全问题。对于烈士档案馆的发展来说，以人为本的"人"有两层含义：一是为革命牺牲的先烈；二是亟需爱国主义教育的广大青少年。紧紧围绕"褒扬烈士，教育后人"一直是烈士档案馆的重要功能，具有重要意义。烈士档案馆是一个由现实通向历史舞台的窗口，历史在这里重现、传统在这里衔接，而它的载体就是烈士的史料、实物等烈士档案。因此，烈士档案的征集、研究、利用，是烈士档案馆发挥其宣传教育功能的重要环节，也是烈士档案馆的生命所在。追寻革命历史的烈士档案馆对未成年人来说是最好的爱国主义教育基地。

二、爱国主义理念导向下管理烈士档案的意义

烈士档案是红色档案的重要组成部分，记录了中国共产党领导下各种政治活动和抗战斗争中，能够反映革命斗争精神的文字、音频、视频、图像等历史内容，充分体现了中华民族不畏艰险、勇往直前的民族精神。现阶段，烈士档案的形式与载体以音像档案、照片档案、纸质档案为主，这些档案资源呈现出来的是鲜明的革命精神，具有政治导向、思想教育导向等特点。加强烈士档案管理，充分发挥烈士档案资源的价值，有利于唤醒民族意识、增强民族自信、培育爱国主义精神。烈士档案是我们回首历史的桥梁，是我们学习革命先烈爱国主义精神的重要路径。因此，爱国主义理念导向下，持续优化和完善烈士档案管理工作，对提升道德品质教育、爱国主义教育实效，推进社会稳定健康发展具有积极意义。

三、烈士档案管理工作优化策略

(一) 营造良好的烈士档案管理工作环境

为有效提升烈士档案管理工作质量，充分发挥烈士档案资源的价值，促使大众更深入了解民族精神，相关部门应注重营造良好的烈士档案管理工作环境。第一，烈士陵园管理部门应加大烈士档案管理工作的宣传力度，在管理工作中积极融入新媒体平台，精准输出与传递烈士精神，充分发挥烈士档案的精神意识建设、教育等导向作用，让更多的社会公众自觉参与到烈士档案收集与管理工作中；第二，通过文字、音频及视频等多种模式，加大烈士档案资源传播力度，提高烈士档案的知名度，提升管理人员的管理工作意识和能

力，在营造良好的管理工作环境与氛围的基础上，实现烈士档案资源的综合价值。

（二）发挥烈士档案的爱国主义教育价值

烈士档案资源具有极高的爱国主义教育价值，通过烈士档案资源学习和深入挖掘，有利于学生内化烈士档案中的精神、文化、历史等元素，在引导学生树立民族自信、文化自信的基础上，帮助学生形成爱国主义精神。为有效发挥烈士档案爱国主义教育价值，相关部门应做到三点。第一，扩大爱国主义教育的覆盖面。首先，烈士档案管理部门应联合高校，积极开展丰富的爱国主义教育课程，将烈士精神、爱国主义思想等通过课堂的形式传递给学生，帮助学生认识烈士档案资源中的爱国主义精神内核；其次，烈士档案管理部门应积极与爱国主义教育基地等展开深度合作，在思想政治课程中加入探访烈士陵园等实践教学内容，以加深学生的自身感受，促使他们切身体会到爱国主义精神内涵。第二，搭建烈士档案资源利用平台。引导社会公众通过烈士档案资源平台获取相关教育资源，提升学生的爱国主义精神感悟力，同时，相关部门可以与爱国主义教育基地等进行深度合作，建立有效沟通机制，并通过强化烈士档案服务意识，了解社会公众对于烈士档案资源的关注焦点与交流热点。从社会公众角度出发，有针对性地发挥烈士档案的爱国主义教育价值。第三，用爱国主义精神充实校园文化。烈士档案管理部门应积极与各级院校构建协作机制，在日常教学活动中，适当引入烈士档案资源，全面展开爱国主义教育活动。同时，各级院校思想政治教师应以爱国主义精神培育为重点，结合思政教育体系建设要求，从烈士档案资源视角出发，引导学生在思想政治教育活动中，充分体会和感悟爱国主义精神。另外，烈士档案管理部门可以借助校园已有宣传平台优势，做好烈士档案资源的宣传工作，将爱国主义精神深度融入校园生活中，从而实现烈士档案爱国主义教育价值的最大化。

（三）提供烈士档案资源应用个性化服务

为社会公众提供烈士档案资源个性化服务是提升档案管理工作质量的重要途径。在具体实践中，烈士档案管理人员应做到三点。第一，在烈士档案管理工作过程中，管理人员应以高度的专业性、创新思维开展工作。相关部门应积极拓宽烈士档案资源的应用路径，为社会公众提供更全面和更完善的个性化服务。在烈士档案资源挖掘和充分利用的过程中，管理人员应以精细化的管理方式，结合不同用户的不同需求，为用户提供个性化服务。同时，管理人员应利用先进的信息技术，丰富烈士档案表现形式，提升烈士档案资源应用的吸引力。第二，在烈士档案资源应用个性化服务工作开展前，管理人员应对用户进行标签分类管理，有针对性地开展烈士档案资源应用个性化服务。第三，烈士档案管理部门应积极利用媒体平台，在线上传输烈士档案资源，以满足社会公众的大众化资源应用需求，提升烈士档案资源应用个性化服务工作开展的深度。

（四）加强烈士档案管理先进队伍建设

先进队伍建设是加强烈士档案管理力度、提升档案管理质量、充分发挥档案爱国主义精神教育作用价值的基础与前提。在具体实践中，相关部门应做到以下三点。第一，配备专业能力过关、思维能力强的烈士档案管理人员，通过定期开展培训的方式，不断训练管理人员的技能，提升他们的管理能力和工作水平；同时，加强档案管理人员的技术培训，促使其能够在管理工作中，充分利用先进技术，整合烈士档案资源，实现烈士档案的高质量管理。第二，强化档案管理人员管理意识。烈士档案管理部门应通过召开会议等方式，为管理人员传输新的管理思路与方法，引导管理人员针对烈士档案管理问题进行充分交流，为提升烈士档案管理质量奠定基础。第三，提升烈士档案管理人员的管理规范性。首先，立足烈士档案特殊性分析，确定烈士档案管理流程，并制定管理工作规范，要求管理人员严格按照管理流程规范开展管理工作；其次，管理部门应结合烈士档案管理整体情况，引导管理人员积极开展烈士档案收集与整理储存等工作，确保烈士档案完整和规范。

烈士档案资源具有培育爱国主义精神、强化道德品质教育机制的作用。但在具体管理实践中，烈士档案管理仍存在编研成果少、管理人才缺失等问题，对烈士档案整理工作高质量发展及其作用价值发挥产生了不利影响。

第三节　人事与司法档案管理

一、人事档案和人事档案管理工作

（一）人事档案

1. 人事档案的定义及其基本含义

人事档案是国家机构、社会组织在人事管理活动中形成的，记述和反映个人经历、德才能绩、工作表现，以个人为单位集中保存起来以备查考的文字、表格及其他各种形式的历史记录。

人事档案是历史地、全面地考查了解和正确选拔使用职工的重要依据，是国家档案的重要组成部分。我国的干部（公务员）、职员、工人、学生（从中学开始）、军人都建立了人事档案，其中主体是干部和工人档案。

人事档案主要来源于一定单位的人事管理活动。"所谓人事，并不是指人和事，而是指用人以治事，主要是指人的方面及同人有关的事的方面。"人事档案就是国家在用人治事及处理与人有关的事情中所形成的文件材料。如为了解员工的基本情况，布置填写履历表、登记表、自传；对员工进行鉴定、考核和民主评议，形成鉴定书和考核材料；在用人过程中，形成录用、定级、调资、任免、升迁、奖惩等方面的各种文字、表格材料。

人事档案是反映个人经历、思想品德、业务实绩、个性特点、专长爱好等情况的原始记录，真实反映一个人的客观面貌。人事档案中的自传、履历表、登记表是个人经历、思想演变、家庭与社会关系的反映；历年的鉴定记载着个人不同时期的表现和组织的评价；入党、入团、提职、晋级等材料是个人在党和组织的教育培养下成长的佐证；政治与工作情况的考核、奖惩与科研成果的登记等方面的材料，是个人政治表现、工作能力、成绩贡献、技术专长的展现。

人事档案是处理完毕的具有使用价值和保存价值的文件材料。人事管理活动中形成的文件材料，凡是决定归入人事档案的，必须是完成了审批程序，内容真实、完整齐全、手续完备、有查考价值的材料，以保持人事档案的优化状态。

人事档案是以个人姓名为特征组成的专卷或专册。它的内容和成分只能是同一个人的有关材料，才方便查找利用。假如一个人的材料被分散，就无法正确反映该人的全貌，影响对其全面评价。如卷内混杂了他人的材料，就会因张冠李戴而贻误工作，造成不良后果。

上述人事档案的定义指明了人事档案的来源、形成原因、内容范围、价值因素和以个人为单位的形式特征，既揭示了人事档案的本质属性——历史记录，也指出了如何识别和判定一份文件材料是否属于人事档案的标志。

2. 人事档案的特点

（1）现实性

人事档案是由组织、人事、劳动部门以现职人员和离退休人员为单位建立的，由专门反映员工个人情况的文件材料所组成。它涉及的当事人绝大多数还在不同岗位上工作、生产或学习。组织、人事、劳动部门为了考查和正确安排员工，要经常查阅人事档案，了解其经历、德才和工作业绩，以便安置在最适合的岗位上，充分发挥其聪明才智。现实生活中，用人就要先看档案，已成为必要的工作程序。作为依据性的人事档案有时会对一个人是否被录用及如何用人起着决定性作用。但是，人事档案是"昨天"的历史记录，而它反映的对象——人每天都在发生变化，谱写自己的历史篇章。因此，档案人员要跟踪追迹，及时补充新材料，使档案既能反映某人的历史面貌，又能反映现实状况，达到"阅卷见人"或"档若其人"的要求。反映现实与具有现实效力和作用，是人事档案的重要特点之一。

（2）真实性

人事档案的真实性与一般意义上所说的档案的真实性有一定区别。档案的真实性有两方面的含义：一方面，档案从总体上说是由社会实践活动中形成的文件材料转化来的，是历史的沉淀物，客观地记录了历史情况，其内容和形式都表现出原始性，是令人信服的证据；另一方面，从具体的每份档案材料来说，基于人们认识水平的局限性和政治斗争的复杂性等原因，有一部分档案所记载的内容并不真实，甚至是恶意歪曲与诬陷。但档案毕竟是历史上形成的，即使是内容不真实，仍表达了形成者的意图，留下了当事人的行为痕迹，反映了当时的情况，仍不失其为历史记录的价值而被保存下来。所以，档案的真实性是相对的。人事档案的真实性有着特定的含义。从个体来说，每一份档案材料从来源、内容、形式等方面都必须完全可靠和真实。凡是来源不明、内容不实、是非不清的文件材料不能转化为人事档案，即便已经归档也要剔除。从整体上说，要求一个人的人事档案完整系统，既反映过去、又反映现在，既可以提供个人成长的道路、又能勾画出全方位概貌。真实性是人事档案的生命，是人事档案能否正确发挥作用的基础和赖以存在的前提。

（3）动态性

历史在发展，社会向前进，每个员工的情况也在不断发生变化。人事档案从建立之日起就是动态的，而不是静止的。一方面，由于人事档案涉及的当事人每时每刻都在谱写自己的历史，各方面都在发生变化，因而决定了人事档案必须根据当事人情况的变化而不断增加新的内容，补充新材料，以适应人事管理的需要。比如，学历的变化、能力的提高、职务和职称的晋升、工作的新成就、工作岗位的变化、奖励、处分都应及时记载并收集有关材料归档，直至逝世（有的职工举行告别仪式的报道消息、讣告、悼词装入本人档案），这才意味着收集补充材料工作的终止。另一方面，人事档案随着人员的流动而不断转递。人到哪里，档案就转到哪里，"档随人走""人档统一"是管理人事档案的一条原则，也是人事档案发挥作用的必要条件之一。如果人事档案转递不及时，会出现人、档分家，发生"有档无人"或"有人无档"的现象，影响单位对工作人员的了解、培养和使用。人事档案也因对象的下落不明而成为"无头档案"的死材料。

总之，人事档案从建立到向档案馆移交前，始终处于"动态"中。

（4）机密性

人事档案在相当长的时间内是保密的，不宜对外开放。人事档案是组织在考查和使用员工活动中形成的，记载了员工的自然情况（姓名、出生年月、民族、籍贯、学历、家庭情况、社会关系、政治表现、个性特点、专长爱好等），学习、工作、科研成就、考核与奖惩等。它既涉及有关工作的重大事项，又有公民的隐私。由于人事档案涉及国家机密和个人私生活的秘密，在较长时间内必须保密，应建立严格的管理、利用制度，确保国家机密的安全，切实维护个人隐私权不受侵犯。

3. 人事档案的一般作用

人事档案是考查、了解员工的重要手段。一个员工的工作与生产实践活动、思想言行、政治、业务水平及个人素质都被记载下来，跃然纸上。人事档案有助于组织根据每个人的特点提出培训、录用、升迁等建议，达到"因材施教""量才录用"，调动人才群体的积极性。

人事档案是做好组织、人事工作不可缺少的依据。组织、人事工作的根本任务是知人用人，应做到知人善任，选贤举能。知人是善任的基础，要想知人，就要全方位地了解人。既要了解其德，又要了解其才；既要了解其长，又要了解其短；既要了解其过去，又要了解其现在。了解的方法除直接考查这个人的现状外，还必须通过人事档案掌握其全面情况。实践证明，二者有机结合，收效颇佳。

人事档案是澄清个人问题的凭证。人事档案是个人历史与现实的原始记录，可以为落实人事政策，平反冤假错案，调整工资级别，改善生活待遇，确定或更改参加工作、入党、入团时间及解决个人历史上的遗留问题等提供可靠的线索或凭证，是考查、了解和处理问题的依据。

人事档案为人才开发提供信息和数据。组织、人事部门通过使用人事档案，从中探索人才成长规律，提高人事管理科学化水平，开发人才资源，适应社会对人才的广泛需求。

人事档案是编写人物传记和专业史的宝贵史料。人事档案内容丰富、数量巨大，有较高的史料价值。它是研究党和国家人事工作，研究党史、军史、地方史、思想史、专业史，撰写名人传记的珍贵资料。人事档案是组织、人事部门形成的，其中许多材料是当事人的自述，情节具体、事情真实、时间准确，内容翔实、是印证历史的可靠材料。

（二）人事档案管理工作

1. 人事档案工作的基本任务和人事档案管理部门的职责

人事档案工作是用科学的原则和方法管理人事档案，提供档案信息，为组织、人事工作服务的一项工作。人事档案工作是组织、人事工作的重要组成部分，也是国家档案工作的组成部分。它是为贯彻执行人事工作路线、方针和政策，选贤举能，知人善任，为社会主义现代化建设服务的。

人事档案工作的基本任务如下：根据改革开放形势下组织、人事工作的需要，加强人事档案材料的收集归档工作，完善管理体制，搞好队伍建设，做好基础工作，进一步改善保管条件，努力提高科学管理水平，保障提供利用，有效地为组织、人事工作服务，为社会主义现代化建设服务。

人事档案管理部门的职责：①保管人事档案，为国家积累档案史料；②收集、鉴定和整理人事档案材料；③办理人事档案的查阅、借用和转递；④登记员工的职务、工资和工作变动情况；⑤为组织、人事工作提供人才信息，为有关部门提供员工情况；⑥做好人事档案的安全、保密、保护工作；⑦调查研究人事档案工作情况，制定规章制度，搞好人事档案的业务建设和业务指导；⑧推广、应用人事档案现代化管理技术；⑨定期向档案馆（室）移交死亡员工的档案；⑩办理其他有关事项。

2. 人事档案工作的管理体制

人事档案工作实行集中统一和分级负责的管理体制。人事档案是人事管理活动的历史记录，是开展人事工作的必要条件，管理人事档案是人事工作自身的需要，是组织、人事、劳动部门的职责，人事档案应由各级组织、人事、劳动部门集中统一管理。我国现行的人事档案管理体制如下：工人档案由所在单位的劳动（劳资）部门管理；学生档案由所在学校的教务或学生工作部门管理；军人档案由各级政治（干部）部门管理；干部档案按干部管理权限集中统一管理。各级组织、人事部门有明确的管理权限，分管哪一级干部，就管哪一级干部的人事档案，做到"人档统一"。这一原则在地（市）以上是完全适用的，但在县以下的单位（包括县委、县府直属单位），管的干部少，大多只有几十人，有的甚至只有几个人。单位小、档案少、无专人管理、不具备保管条件，严重影响了干部档案的安全保密和业务建设。

目前，我国人事档案工作仍实行分块管理，干部档案工作的领导与指导由各级党委的组织部负责；企业职工档案工作由所在企业的劳动职能机构负责，接受劳动主管部门的领导与指导；学生档案工作由所在学校的有关部门负责，由教育主管部门领导与指导；军人档案工作由各级政治（干部）部门负责领导与管理。除军人档案工作外，上述三项档案工作均已纳入全国档案工作管理体系，由各级档案行政部门按《中华人民共和国档案法》等有关规定进行宏观管理和协调。

3. 人事档案工作人员应具备的素质

人事档案工作的性质要求工作人员必须具备较好的政治素质和专业素质。

第一，要熟悉党和国家的干部人事制度，熟悉人事管理工作的方针、政策，如调配、任免、录用聘用、考核考查、政审、奖惩、工资、教育培训等工作的情况，用以指导工作，以保证人事档案工作的正确方向。

第二，要熟悉党的历史。人事档案的许多内容都与我党各个历史时期的重大事件有关，有扎实的党史知识，就能了解有关档案材料形成的历史背景，正确判定档案材料的价值。

第三，要精通人事档案工作业务，做好收集、鉴别、整理、保管、保护、转递和提供利用等工作，科学地管理档案，实现管理现代化。

第四，要有高尚的职业道德和情操，严于律己、认真负责、坚持原则、不徇私情、不以权谋私，严格按政策规定办事，坚决杜绝一切失密的现象和徇私舞弊的行为。

二、司法档案管理工作

随着时代的进步，对司法档案的管理工作提出了新要求。只有与时俱进，才能为司法档案管理工作打开新局面。

（一）司法档案管理工作的性质

司法档案管理工作分为两方面。一方面，它是指对现有文件的一般性保管；另一方面，它要求管理者在科学合理的管理原则基础上，运用一定的技术手段，系统性地整理、归纳、鉴别和筛选文件资料，以满足司法工作利用的需要。由此可见，它是一项管理性工作。从性质来看，它自身就是一门具有专业性的管理工作，并且在一些特定的部门或机关单位，档案管理工作本身就属于某种工作管理的组成部分。同时，它又是一门服务性质的工作，它为其他相关部门提供必要的档案数据支持。因此，司法档案管理人员应该充分认识档案管理工作的特性，树立起良好的服务意识，更好发挥档案的作用。

（二）培养高素质司法档案管理人才

1. 不断完善档案专业的教育

档案学早已被引入大学，实现了本科化教育。目前档案学的研究生教育也在积极的探索中。档案学的教育工作，不能只局限于档案学的教授，而是应将档案学同信息学、管理学结合起来，实现"大档案学"教育。这样做可以有效提高未来的档案管理人员的综合素质，使其成为信息能力优秀、知识结构合理，同时熟练掌握现代化信息技术的复合型档案人才。

2. 积极培训司法部门在职档案人员

"多元化、全方面"提高档案人员素质。一方面，档案管理部门应该积极组织在职人员进行职业培训。尽可能让在职人员接触到新知识、新技术。让他们了解、掌握并最终学会熟练运用。这样，可以有效地提高档案管理人员的职业素质，增强其工作能力。另一方面，档案管理部门应将专职人员接受培训教育的情况纳入绩效考核的范围，将其与管理人员的聘用、晋升等联系起来，从各方面都可以充分调动管理人员参与培训接受教育的积极性。

3. 培养管理人员的自学能力

当今社会知识的增长和更新速度随着科技的飞速发展而大大加快。一个人如果不能及时了解并掌握新的知识、提高技术技能，就会逐渐落在时代后面，跟不上社会发展的步伐，最终被淘汰，档案管理人员必须意识到这一点，档案管理部门应积极开展培训工作。而档案人员个人真正的进步，却在于其自身的自学能力。档案管理人员应该学会自学，并通过自学，及时了解和掌握新知识，扩展自己的知识面。在实际工作中，档案人员应把自己在学习过程中积累的知识和技能充分运用起来，大胆实践。通过实践，学以致用，最终全面提高自己的综合素质。

（三）对司法档案管理工作要勇于创新

1. 要勇于创新思想观念

所有的创新都始于观念的创新，司法档案管理工作也不例外。观念的创新始终贯穿管理工作的创新中，这是整个档案管理工作创新成功的基石。档案管理工作的创新，首先要明确现代化的管理意识，实现档案管理知识化、网络化、社会化，抛弃以前旧有的"重藏轻用"的观念，变"被动要求去做"为"积极主动去做"。档案就是一座巨大的信息库，在实际工作中，我们要积极主动地根据其他部门工作需要，将相互关联的信息通过科学合理的技术手段，系统性地整理出来，将档案分门别类，以备不时之需。不要等到有关部门需要档案时，才手忙脚乱、加班加点去找。

2. 要勇于创新管理方式

司法档案管理部门收藏的档案五花八门，翔实丰富，档案利用的需求也越来越多样化。因此，在实际利用中，人们往往会感到库存的档案资料不够用。究其原因，来自以下两方面：一方面，档案部门库藏的确有限；另一方面，则是因为档案部门的管理方式老旧落后，对现有库藏档案的有效利用率不高。因此，新时期档案管理部门应对旧有的管理方式进行大胆创新，在进一步充实档案部门的库藏档案的基础上，提高库藏档案的质量。以其他部门的需要为基础，有计划、有目的、分重点地收集档案文件资源，并同时对其进行系统性的分类、整理、优化，最后入库。

3. 要勇于创新服务模式

司法档案管理工作的特性是服务性，服务性是整个档案管理工作的出发点及工作中心。司法服务是档案工作充分发挥其作用的重要手段。司法档案管理部门服务的创新包含以下两方面：一是服务的内容和范围的创新，档案管理的服务工作应该随着时代的发展而进步，其服务范围和内容都应不断扩大；二是服务的方式在不断创新，高新科学技术已经渗透到了我们生活中的各个角落，在档案管理工作中，高科技也逐渐被引入。档案管理的工具日渐丰富、便捷，档案的保管条件也在改善，档案的服务形式也应该相应地更方便、快捷、高效。

参考文献

[1] 赵梅，白子滢，任华. 现代档案信息化管理与建设研究［M］. 秦皇岛：燕山大学出版社. 2023.

[2] 刘秀菊. 大数据环境下档案信息化管理与创新策略研究［M］. 北京：原子能出版社. 2023.

[3] 谢玉娟，宋欢，刘翠红. 档案信息化建设与信息资源存储研究［M］. 北京：中国商务出版社. 2023.

[4] 吴巧玲. 现代化档案管理与服务研究［M］. 长春：吉林科学技术出版社. 2023.

[5] 刘焕霞，李春梅，孙赛. 现代档案管理理论与实践［M］. 哈尔滨：黑龙江科学技术出版社. 2023.

[6] 丁德胜. 电子档案管理理论与实务［M］. 北京：中国文史出版社. 2023.

[7] 杨晓玲，张艳红，刘萍. 档案信息化管理与建设研究［M］. 长春：吉林人民出版社. 2022.

[8] 林婷婷，冯秀莲，林苗苗. 档案信息资源与数字化管理开发研究［M］. 哈尔滨：哈尔滨工程大学出版社. 2022.

[9] 彭德婧，王艾，阴志芳. 信息化背景下图书和档案管理创新研究［M］. 长春：吉林出版集团股份有限公司. 2022.

[10] 王雅琼，王瑞，刘幸幸. 档案信息化建设与管理创新［M］. 哈尔滨：北方文艺出版社. 2022.

[11] 马爱芝，李容，施林林. 信息时代档案管理工作理论及发展探究［M］. 长春：吉林大学出版社. 2022.

[12] 卢捷婷，岑桃，邓丽欢. 互联网时代下档案管理与应用开发研究［M］. 北京：北京工业大学出版社. 2022.

[13] 郑磊. 档案信息管理与存储［M］. 长春：吉林出版集团股份有限公司. 2022.

[14] 王兰成，黄永勤，刘晓亮. 档案社会化媒体信息资源整合研究［M］. 北京：科学出版社. 2022.

[15] 李飞翔，康馨心，王剑. 档案管理理论与研究［M］. 长春：吉林科学技术出版社. 2022.

[16] 周彩霞，曹慧莲. 档案管理信息化建设理论与实践探索［M］. 北京：北京工业大学出版社. 2021.

[17] 郭美芳，王泽蓓，孙川. 档案信息化建设与管理［M］. 长春：吉林人民出版社. 2021.

[18] 黄亚军，韩国峰，韩玉红. 现代档案信息化管理与建设研究［M］. 长春：吉林人民出版社. 2021.

[19] 徐世荣. 档案信息化建设与管理创新研究［M］. 长春：吉林文史出版社. 2021.

[20] 赵旭. 档案信息化建设的理论与实践研究［M］. 北京：科学技术文献出版社. 2021.

[21] 柳瞻晖，金洁峰，苏坚. 档案整理实务教程［M］. 上海：上海大学出版社. 2021.

[22] 杨玲花. 现代档案管理工作与保存策略研究［M］. 北京：中国纺织出版社. 2021.

[23] 浦海涛. 大数据时代高校图书馆档案管理的理论与实务［M］. 西安：西北工业大学出版社. 2021.

[24] 李雪婷. 人事档案信息化建设与创新管理研究［M］. 长春：吉林文史出版社. 2020.

[25] 刘月文. 档案管理和信息化研究［M］. 西安：西北工业大学出版社. 2020.

[26] 张璐璐. 档案信息化建设与管理创新［M］. 秦皇岛：燕山大学出版社. 2020.

[27] 韩若红，陈贝贝，许艳芳. 现代档案信息化建设与资料管理［M］. 长春：吉林科学技术出版社. 2020.

[28] 高鹤林，方建，刘铮. 档案信息化管理与建设研究［M］. 延吉：延边大学出版社. 2020.

[29] 张玉霄. 数字档案信息资源安全管理研究［M］. 长春：吉林大学出版社. 2020.

[30] 张杰. 信息时代下档案管理工作创新研究［M］. 长春：吉林大学出版社. 2020.

[31] 范杰，魏相君，敖青泉. 信息化视角下高校教学档案的建设与管理［M］. 长春：东北师范大学出版社. 2019.

[32] 傅永珍. 档案管理与信息化建设［M］. 天津：天津人民出版社. 2019.

[33] 王颖. 档案管理与信息化研究［M］. 长春：吉林教育出版社. 2019.

［34］张仁芬. 档案信息化管理 ［M］. 长春：吉林摄影出版社. 2019.

［35］郭杨. 档案信息化实践与管理创新 ［M］. 长春：吉林科学技术出版社. 2019.

［36］王静. 人事档案信息化建设与创新管理研究 ［M］. 长春：吉林出版集团股份有限公司. 2019.